PULSÃO À VERDADE
Uma viagem pelo labirinto da alma

Editora Appris Ltda.
1.ª Edição - Copyright© 2025 da autora
Direitos de Edição Reservados à Editora Appris Ltda.

Nenhuma parte desta obra poderá ser utilizada indevidamente, sem estar de acordo com a Lei n° 9.610/98. Se incorreções forem encontradas, serão de exclusiva responsabilidade de seus organizadores. Foi realizado o Depósito Legal na Fundação Biblioteca Nacional, de acordo com as Leis n°s 10.994, de 14/12/2004, e 12.192, de 14/01/2010.

Catalogação na Fonte
Elaborado por: Dayanne Leal Souza
Bibliotecária CRB 9/2162

S876p 2025	Stom, Fernanda 　　Pulsão à verdade: uma viagem pelo labirinto da alma / Fernanda Stom. – 1. ed. – Curitiba: Appris, 2025. 　　209 p. : il. ; 23 cm. 　　ISBN 978-65-250-7216-6 　　1. Autoconhecimento. 2. Busca espiritual. 3. Transformação pessoal. 4. Identidade. 5. Desenvolvimento pessoal. I. Stom, Fernanda. II. Título. 　　　　　　　　　　　　　　　　　　　　　　　CDD – 158.1

Appris
editorial

Editora e Livraria Appris Ltda.
Av. Manoel Ribas, 2265 - Mercês
Curitiba/PR – CEP: 80810-002
Tel. (41) 3156 - 4731
www.editoraappris.com.br

Printed in Brazil
Impresso no Brasil

FERNANDA STOM

PULSÃO À VERDADE
Uma viagem pelo labirinto da alma

Sauvé
EDITORA
Curitiba, PR
2025

FICHA TÉCNICA

EDITORIAL	Augusto Coelho
	Sara C. de Andrade Coelho
COMITÊ EDITORIAL	Angela Cristina Ramos
	Brasil Delmar Zanatta Junior
	Edmeire C. Pereira - UFPR
	Estevão Misael da Silva
	Marli Caetano
CONSULTOR *AD HOC*	Gilcione Freitas
SUPERVISORA EDITORIAL	Renata C. Lopes
PRODUÇÃO EDITORIAL	Daniela Nazário
REVISÃO	Simone Ceré
DIAGRAMAÇÃO	Amélia Lopes
CAPA	Daniela Bauguertner
REVISÃO DE PROVA	Bianca Pechiski

AGRADECIMENTOS

Eterno é o meu louvor a Ti, Abba, meu refúgio e fortaleza. Em Ti encontro esperança e alívio, mesmo nas mais duras tribulações. Com Tua mão forte e poderosa, libertaste-me das amarras que me prendiam e, em Tua infinita bondade, me confiaste esta missão. Ao Rei da Glória, Senhor dos Exércitos, Teu nome é digno de toda honra, glória e louvor. A Ti, meu coração se volta, hoje e para sempre. Que meu ser se curve em adoração diante de Ti, Senhor Supremo, e que minha vida resplandeça com a Tua luz. Recebe, Senhor, toda a minha devoção, gratidão e amor eterno. Amém.

Com imensa emoção, expresso minha profunda gratidão especialmente a duas pessoas extraordinárias que transformaram minha vida com seu incentivo, orientação e apoio constante. Meu coração transborda de eterna gratidão ao meu pai, Sr. Dival, que partiu para sua morada celestial. Durante o tempo em que estive ao seu lado, recebi o incentivo necessário para ter coragem, nunca desistir de sonhar e sempre acreditar.

Minha mãe, Beatriz, é a personificação da oração e perseverança. Ao longo dos anos, manteve-se firme, sem jamais vacilar em sua esperança, mesmo diante das adversidades. Sua fé inabalável me inspira, é um farol que ilumina cada passo da minha jornada.

Quero também expressar minha profunda gratidão às minhas irmãs: Edna, Eliana e Elma, verdadeiras companheiras e amigas, vocês são pilares de apoio e fontes inesgotáveis de amor. Rendo graças a Deus pela vida do meu amado irmão, Edvaldo, cuja memória permanece viva em nossos corações. E não poderia deixar de mencionar meus sobrinhos e minhas sobrinhas; vocês são um presente de Deus para mim, amo cada um profundamente! Em especial, minha sobrinha Amanda, cuja presença constante e apoio dedicado foram fundamentais neste projeto. Minha gratidão e amor por tudo o que você representa para mim.

Agradeço de coração à psicóloga Sonia Loureiro, um anjo enviado por Deus para me guiar nos momentos cruciais da minha jornada e grande incentivadora deste projeto. Minha eterna gratidão ao psicólogo Fabio Pinheiro, transformou a ciência em instrumento de cura para minha alma; como meu leitor beta, foi fundamental, encorajando-me a seguir adiante. Sou eternamente grata pelo seu apoio e dedicação a esta obra.

Aos meus pastores, Adequias e Eliana Lopes (minha irmã), louvo a Deus por tê-los em minha vida, obrigada pelo apoio e por acreditarem e confiarem em meu ministério e neste projeto.

E a todos os meus queridos amigos, que de forma direta e indireta cooperaram para que eu chegasse até aqui, vocês são verdadeiros tesouros em minha vida. Sou profundamente grata por cada gesto de amor e apoio incondicional.

Com amor,

E. Fernanda

PREFÁCIO

Uau!!! Escolhi essa expressão para refletir a magnitude da leitura desta obra. Um texto de uma nova escritora, que nos acolhe do início ao fim, proporcionando um despertar para uma jornada de autoconhecimento por intermédio de textos bíblicos aplicados de forma admirável às situações do cotidiano. A obra aborda traumas emocionais, dilemas diários e indagações sobre a vida de maneira clara, até mesmo para aqueles menos familiarizados com as escrituras sagradas.

É importante mencionar que este não é um livro de autoajuda convencional, mas sim uma obra fundamentada em extensa pesquisa na Psicologia e na Teologia, considerando que a fé cristã se baseia em uma história documentada. Não se trata de um relato pessoal ou receitas de como lidar com as dificuldades da vida, mas de um trabalho elaborado com seriedade e profundidade.

Sinto-me honrado em escrever este prefácio, pois, ao conhecer Fernanda, tenho certeza de que sua obra é uma oferta do Senhor. Sua escrita reflete um dos dons que recebeu, e, com coragem, responsabilidade, compaixão e amor ao próximo, enfrentou seus próprios medos e inseguranças para criar este belo trabalho. A parceria com a Editora Appris certamente contribuirá para o sucesso que acredito que esta obra alcançará.

Pulsão à verdade revela como as forças internas podem influenciar nossa maneira de viver e perceber a vida, sob a influência do inconsciente. A delicadeza com que aborda essas pulsões, muitas vezes relacionadas a traumas emocionais, é iluminada por versículos bíblicos que oferecem orientações e conselhos valiosos para a cura.

Estamos acostumados com a rapidez da vida moderna e frequentemente buscamos soluções superficiais ou mágicas para os dilemas humanos. Fernanda nos convida, com este livro, a uma busca interior por respostas a eventos marcantes e, por vezes, complexos. Ela nos guia a encontrar maneiras reais e palpáveis de enfrentar dilemas da alma, superar e nos reencontrarmos, resultando em uma nova maneira de existir e de ser. Portanto, recomendo esta leitura incrível a todos.

Fabio Pinheiro

Psicólogo clínico, mestre em Psicologia da Saúde e psicopedagogo

APRESENTAÇÃO

Antes de começar a leitura, convido você a abrir seu coração e mente para as palavras que seguirão e comprometer-se a aplicar o aprendizado em sua vida diária. Reserve um momento especial de oração, pedindo ao Espírito Santo que traga à sua consciência, de forma clara e pedagógica, o que você precisa compreender para viver uma vida plena.

Para aproveitar ao máximo, adote uma abordagem de leitura ativa, interagindo com o texto de maneira dinâmica. Identifique os pontos-chave, encontrando os conceitos e ideias principais. Faça perguntas enquanto lê, questionando o conteúdo para aprofundar seu entendimento, utilizando marca-textos ou sublinhando passagens significativas. Faça anotações em *post-its*, cadernos ou escreva nas margens do livro. Essa prática não apenas aprimora sua compreensão, mas também ajuda a revelar o que está oculto em seu coração e o que deve ser levado a Cristo.

Minha proposta, por meio deste livro, é desafiar você a olhar para si mesmo de forma mais profunda e a questionar sinceramente seu modo de viver.

Se este livro for útil para você, gostaria de conhecer suas experiências. Assim, compartilhe nas redes sociais @aprendendoasaber, gravando um vídeo ou *story*, e não se esqueça de me marcar. Você também pode encaminhar seus comentários por e-mail, pelo seguinte endereço eletrônico: aprendendo@aprendendoasaber.com.br.

Espero falar com você em breve. Boa leitura!

MINHA ORAÇÃO POR VOCÊ

Pai celestial, oro em nome de Jesus, pedindo que o Espírito Santo, nosso amigo e companheiro, acompanhe este leitor durante toda a sua jornada de leitura. Que o Senhor ilumine sua mente e revele as verdades mais profundas e significativas sobre si mesmo e sobre quem o Senhor é, dentro da perspectiva da verdade, enquanto lê este livro.

Ajude-o a ler com clareza e entendimento, e não permita que ceda à tentação de abandonar este livro quando confrontado ou influenciado por distrações. Em vez disso, conceda-lhe o desejo de concluir a leitura e, mais do que isso, de mergulhar em Tua palavra, que é lâmpada para nossos pés e luz para os nossos caminhos.

Que ele possa encontrar nas Escrituras revelações profundas, indo além das palavras, enquanto a mente absorve o conteúdo da leitura. Se alguma área de sua vida estiver comprometida, permita que isso seja reconhecido e que ele busque em Ti a restauração. Que Tu fales ao coração de maneira amorosa e didática. Não permita que a mente resista às verdades reveladas por Ti; ao invés disso, que o Teu Espírito Santo possa convencer sobre aquilo que ainda resiste ou não é compreendido. Guia-o em todo tempo, e, se necessário, que possa encontrar, no caminho, pessoas bondosas que serão instrumentos de cura, auxiliando-o a enxergar o que sozinho não consegue.

Que, no decorrer da leitura, a verdadeira Luz ilumine seu entendimento para que nunca mais caminhe em trevas e sobre a sombra da morte. Que a Tua palavra, que é raio de luz, alumbre seu interior, dividindo alma e espírito, juntas e medulas, e confrontando pensamentos e intenções do coração.

Que a doce e poderosa presença do Teu Santo Espírito seja perceptível neste coração, ao ponto de sacudir os alicerces das prisões que tentavam mantê-lo cativo. Que todas as portas se abram e todas as correntes se soltem. Destrua os jugos que o oprimiam e remova o peso que estava em seus ombros. Que o abuso e castigo do opressor não tenham mais poder, e que todas as ferramentas que o inimigo usava para controlar suas emoções sejam queimadas como lenha no fogo. Que o aprendizado adquirido por meio da Tua Palavra possa reverberar na sua alma e transformar a sua mente por completo. Ajude-o a meditar em Tua palavra até adquirir sabedoria e a guardar a Tua palavra em seu coração, para que não peque contra Ti.

Peço que a Tua alegria se expanda na vida deste leitor, para que ele desfrute da plenitude que só encontramos em Tua presença. Ensina-o a usufruir do domínio que já lhe foi entregue e ajuda-o a governar e viver em paz, justiça e retidão, com alegria no Espírito Santo.

Em nome de Jesus, amém!

SUMÁRIO

CAPÍTULO 1
EM BUSCA DA VERDADE 17

CAPÍTULO 2
O INÍCIO 45

CAPÍTULO 3
ESCOLHAS PERIGOSAS 71

CAPÍTULO 4
COMO LIDAR COM QUEM EU ME TORNEI? 83

CAPÍTULO 5
ONDE ESTÁS? 96

CAPÍTULO 6
DESNUDANDO A ALMA 109

CAPÍTULO 7
QUEM TE CONTOU QUE ESTAVAS NU? 130

CAPÍTULO 8
EFEITO REPIQUE 152

CAPÍTULO 9
AINDA TEM GRAÇA 171

CAPÍTULO 10
NECESSÁRIO É NASCER DE NOVO 183

CAPÍTULO 1

EM BUSCA DA VERDADE

Ou ainda, qual é a mulher que, possuindo dez dracmas e, perdendo uma delas, não acende uma candeia, varre a casa e a procura diligentemente até encontrá-la?
(Lucas 15:8 KJA)[1]

Quem, tendo posse de algo valioso e perdendo-o, não se esforça para recuperá-lo?

A perda é uma experiência inerente à condição humana, afetando cada indivíduo de maneira única e profunda. Esse ciclo constante de perda e recuperação molda nossa identidade e define quem nos tornamos.

Já se sentiu assim, com a sensação de que algo essencial de si mesmo está faltando, como se uma parte vital estivesse ausente? É como olhar para um quadro incompleto, sabendo que falta uma peça essencial para compreender plenamente a imagem. Essa sensação pode nos assombrar, fazendo-nos questionar o sentido da vida. É como se nossos corações sussurrassem, chamando por algo perdido, algo que não sabemos definir, mas que parece ter sido conhecido uma vez e agora está distante. Percebendo isso, alguns buscam incansavelmente o que se perdeu, enquanto outros resignam-se à incompletude, aceitando viver à margem. No entanto, só podemos viver plenos se buscarmos diligentemente o que nos falta, com o

---
[1] Para esta obra, foi utilizada a versão da Bíblia King James Atualizada.

fervor de nos encontrarmos com a verdade. É nessa busca incessante, ao encontrar as respostas, que enxergamos o verdadeiro sentido da nossa existência.

Perder-se é humano, mas reencontrar-se é uma arte que todos podemos aprender.

No Evangelho de Lucas, Jesus compartilha três parábolas que ilustram a necessidade de recuperar o que está perdido. Primeiro, Ele narra a história do pastor que, tendo cem ovelhas, deixa as noventa e nove no campo e vai em busca da única que se perdeu (Lucas 15:3-7).

Jesus também conta outra parábola, a do filho pródigo, que, de forma consciente, se afasta da segurança de seu pai, optando por uma vida de aventura e descobertas, iludido pela ideia de que havia algo melhor em outro lugar (Lucas 15:11-32).

Antes da parábola do filho pródigo, Jesus descreve a resposta incansável de uma mulher que, ao perceber que perdeu algo valioso dentro de casa, imediatamente se compromete a buscar diligentemente até recuperá-lo.

As três parábolas apontam para a mesma verdade: a importância da busca. Não importa se algo foi perdido por distração ou costume, se intencionalmente se afastou do lugar onde deveria estar, ou se na inocência foi atraído e perdeu-se no caminho. A solução está na busca.

"Diligente" é um adjetivo que descreve alguém que realiza suas tarefas com cuidado, atenção e zelo. A palavra se refere à disposição de se dedicar de forma atenta e persistente ao que se está fazendo, garantindo que seja feito de maneira eficiente e completa.

A Parábola da Dracma Perdida pode ser interpretada à luz de costumes históricos. Em algumas culturas do Oriente Médio, as mulheres recebiam um conjunto de moedas como parte do dote ou presente de casamento, que poderiam ser usadas como ornamentos, como colares ou tiaras. Perder uma dessas moedas não só significava uma perda financeira, mas também poderia representar um dano ao simbolismo do compromisso matrimonial. Por isso a busca diligente visando encontrar o que se perdeu.

Já acompanhou uma noiva em fase de preparação para o casamento? Ela vive um estado de alegria e antecipação que permeia cada momento de seus dias. Seu coração bate mais rápido ao pensar no instante em que encontrará seu amado no altar. Seus olhos brilham com uma felicidade inconfundível para todos ao seu redor.

Cada detalhe do casamento é planejado com um carinho especial, refletido em cada presente que o noivo oferece, simbolizando o amor e a promessa de uma vida em conjunto. Esses presentes são tratados com gratidão e cuidado, tornando-se símbolos tangíveis do compromisso do casal.

A noiva também se dedica intensamente aos preparativos para o grande dia. Desde a escolha do deslumbrante vestido até os pequenos adornos que complementam sua beleza, tudo é selecionado com zelo e significado.

Mas a preparação da noiva vai além dos aspectos externos. Ela também passa por momentos de reflexão e preparação interior. O noivado marca o início de uma transformação mais profunda. Agora, seu comportamento, forma de pensar e postura diante das escolhas da vida começam a se moldar para refletir sua nova etapa. O compromisso assumido a leva a uma jornada de autodescoberta e crescimento, onde cada decisão passa a ser vista à luz da vida a dois que está por vir.

Essa transformação vai além de simplesmente deixar para trás a vida de solteira; trata-se de abraçar uma nova identidade. É um processo de amadurecimento, onde, gradualmente, a noiva passa a entender que o verdadeiro amor demanda sacrifício e comprometimento. Ao escolher um noivo, ela rejeita todos os outros amores e concentra seu afeto, dedicação e fidelidade em um único homem, unindo-se a ele em uma jornada compartilhada de amor e devoção.

A jornada de fé nos conduz a um compromisso profundo com Cristo, o Noivo da Igreja. Assim como a noiva apaixonada se imerge em alegria e antecipação, irradiando luz e amor percebidos por todos ao seu redor, nós também devemos manifestar nosso amor e devoção por Cristo.

As dracmas que recebemos representam partes fundamentais de nossa identidade e individualidade, cada uma dessas dracmas deve ser bem cuidada, pois são elas que, em sua totalidade, evidenciam poder do Noivo em nossas vidas. Quando inteiras e preservadas, elas refletem nosso compromisso com o noivo e a transformação que experimentamos através de Cristo.

O vestido branco da noiva, símbolo icônico de pureza e inocência, representa a transformação espiritual que experimentamos ao nos prepararmos para encontrar Cristo. Assim como a noiva escolhe seu vestido com particularidade e carinho, nós também devemos nos revestir como eleitos de Deus. Pureza, amor e santidade são os adornos espirituais que devemos buscar, adornando nossos corações e mentes para o encontro com nosso Amado.

Portanto, o que vos torna belas e admiráveis não devem ser os enfeites exteriores, como as tranças do cabelo, as finas joias de ouro ou o luxo dos vestidos. Pelo contrário, esteja em vosso ser interior, que não se desvanece, toda a beleza que se revela mediante um espírito amável e cordato, o que é de grande valor na presença de Deus. (1 Pedro 3:3-4 KJA).

Quando Jesus veio à terra, Ele inaugurou o Reino de Deus, firmou Seu compromisso conosco e nos deixou nos preparando como uma noiva se prepara para o casamento; no entanto, Ele não nos revelou a data do grande dia. Enquanto estamos aqui, embora enfrentemos a hostilidade do mundo, é indiscutível que experimentamos muitas bênçãos, afinal somos uma noiva privilegiada. Contudo, nenhum noivado é comparável ao casamento; sabemos que só desfrutaremos da plenitude quando nos encontrarmos com o Noivo.

Dentro da teologia cristã, vivemos na dinâmica do "sim, ainda não". Essa expressão reflete a ideia de que, com a vinda de Jesus Cristo, o Reino de Deus foi inaugurado (o "sim"), mas ainda não foi consumado em sua plenitude (o "ainda não"). Esperamos ansiosamente pelo dia em que essa plenitude se manifestará.

Esse entendimento nos leva a viver com um compromisso intenso. Devemos estar preparados para o "sim", pois o retorno de Cristo pode ocorrer a qualquer momento, até mesmo enquanto lemos esta frase. No entanto, o "ainda não" significa que enquanto aguardamos esse dia, somos chamados a viver plenamente no presente, cumprindo nossas responsabilidades e nos preparando para o grande evento que está por vir.

Não é incomum encontrarmos uma noiva em estado de insegurança. Abraçar algo novo, especialmente quando implica uma mudança drástica, frequentemente exige a renúncia a antigas formas de viver. Esse processo inevitavelmente traz consigo as dúvidas e incertezas. Encarar novas situações pode revelar nosso despreparo e suscitar questionamentos sobre nossa capacidade de lidar com o que está por vir.

É nesse momento que podemos sentir a falta de algo essencial, algo que imaginávamos estar presente, cuja ausência, contudo, no enfrentamento, se torna evidente. Nesta busca interior é possível enxergar-se em um labirinto de emoções conflitantes.

No cerne da experiência humana, é frequente nos perdermos dentro de nós mesmos, principalmente se a morada interior estiver suja e desorganizada. Às vezes, essa percepção de desordem ocorre imediatamente, mas geralmente acontece de forma tardia, pois ignoramos os primeiros sinais e seguimos adiante, mesmo incompletos.

Podemos perder a confiança, aquela fé inabalável em nossas próprias capacidades, que aos poucos se dissolve diante das adversidades. Ou a esperança, que outrora nos impulsionava, mas que sucumbe ao peso de uma realidade implacável. O ânimo e a coragem, que antes eram nossos fiéis escudeiros, podem se dissipar em meio a batalhas que parecem intermináveis.

Nossos sonhos, tão vívidos no início, podem se desvanecer como névoa ao sol, ao nos sentirmos incapazes de realizá-los, deixando apenas uma vaga lembrança do que um dia nos inspirou. A fé, não apenas em Deus, mas em nós mesmos, no futuro e na humanidade, pode ser abalada por decepções e frustrações constantes. O amor, essa força poderosa que nos conecta aos outros e nos faz sentir parte de algo maior, também pode se esconder, intimidar-se ou, pior ainda, esfriar. E talvez o mais doloroso de tudo, podemos perder o respeito por nós mesmos, esquecendo o nosso próprio valor e dignidade diante de Deus. Esse esquecimento não só enfraquece nossa autoimagem, mas também compromete a nossa capacidade de reconhecer e vivenciar a plenitude do amor divino e a nossa verdadeira identidade em Cristo.

Assim, as dracmas se vão, e alguém que foi criado para explorar ao máximo seu potencial pode acabar se limitando a uma existência aquém de suas possibilidades.

Buscar significa procurar, ir atrás de algo; seguindo a etimologia da palavra "buscar", chegamos até "investigar" e "esmiuçar".

Mas, para investigar, é imprescindível saber o que se está procurando. É necessário saber identificar os vestígios que podem levar à descoberta do paradeiro do que se perdeu. Esses vestígios são as pistas que, embora às vezes sutis, indicam o caminho para recuperar aquilo que foi extraviado. A busca envolve não apenas a determinação de seguir adiante, mas também a habilidade de reconhecer e interpretar esses sinais.

Muitas pessoas têm dificuldade em realizar esse processo de investigação interna porque não compreendem plenamente a condição humana. Sem esse entendimento, falta-lhes a percepção necessária para identificar os sinais e vestígios que indicam o que se perdeu e como recuperá-lo.

Nossos problemas não começaram com o nosso nascimento ou após um evento traumático; eles remontam ao Éden. Os ecos do Jardim ressoam até hoje, não foi apenas um relato do passado, mas uma realidade contínua.

É essencial, de tempos em tempos, fazer uma pausa para esmiuçar e refletir. Olhar para dentro e para cima e perguntar a si mesmo: os frutos que colho com a minha forma de viver hoje refletem a história da queda e derrota de Adão ou a vitória redentora de Cristo?

Essas são as duas missões confiadas a nós pelo Noivo: viver uma vida autêntica, moldada pelo exemplo de Cristo, sem máscaras, e preparar-nos com alegria para o que está por vir. Essas missões nos convidam a uma existência plena, onde a verdade e a antecipação do futuro se entrelaçam, conferindo significado e propósito à nossa jornada. Não vivemos mais como Adão; agora é Cristo quem vive em nós, e é por meio dessa nova identidade que encontramos a verdadeira plenitude e direção em nossa caminhada.

A Bíblia nos ensina que a verdade não é apenas um conceito abstrato, mas uma pessoa: Jesus Cristo. Ele não apenas proclamou a verdade, mas afirmou ser a própria encarnação dela.

Assegurou-lhes Jesus: "Eu Sou o Caminho, a Verdade e a Vida. Ninguém vem ao Pai senão por mim..." (João 14:6).

Quando Jesus proclama ser "o Caminho, a Verdade e a Vida", Ele não se apresenta apenas como um guia, mas como o próprio caminho. Ao afirmar ser a Verdade, Ele nos convida a viver como Ele viveu e a enxergar a vida por Sua perspectiva. Seus ensinamentos revelam a verdadeira forma de viver, assim como Deus, ao tirar o pequeno e desprezado povo do Egito, prometeu fazer deles uma nação poderosa. A chegada do Reino de Deus é o convite estendido desde a Antiguidade, com o propósito de formar uma nação santa sob a autoridade de um único Rei.

Agora, se ouvirdes a minha voz e obedecerdes à minha aliança, sereis como meu tesouro pessoal dentre todas as nações, ainda que toda a terra seja minha propriedade. Vós sereis para mim um reino de sacerdotes e uma nação santa'. Estas são as palavras que dirás aos filhos de Israel. (Êxodo 19:5-6).

Ao declarar-se a Vida, Jesus nos oferece algo ainda mais profundo, a terra prometida: a promessa de um futuro pleno e esplendoroso, a eternidade. Essa afirmação revela que, embora possamos experimentar uma transformação significativa hoje, ainda há uma vida eterna que nos aguarda, um futuro grandioso além das nossas experiências atuais. O convite de Jesus é para vivermos com a certeza de que, além do "sim" presente, há um "ainda não" glorioso que se desdobra em uma eternidade repleta de plenitude e bem-aventurança.

Mas vós sois a geração eleita, o sacerdócio real, a nação santa, o povo adquirido, para que anuncieis as virtudes daquele que vos chamou das trevas para a sua maravilhosa luz. (1 Pedro 2:9)

No acender da luz, desvendamos camadas profundas de percepção e entendimento, revelando recantos escondidos onde preciosidades residem. A cada passo com a candeia nas mãos, nos aproximamos um pouco mais da verdade, dissipando ilusões e desmascarando mentiras que nos aprisionavam. Na sua essência, a verdade é a expressão pura da realidade, despojada de distorções e interpretações subjetivas.

Porquanto a Palavra de Deus é viva e eficaz, mais cortante que qualquer espada de dois gumes; capaz de penetrar até ao ponto de dividir alma e espírito, juntas e medulas, e é sensível para perceber os pensamentos e intenções do coração. (Hebreus 4:12)

A Palavra de Deus é ativa e poderosa, com a capacidade de penetrar profundamente em nossas mentes e corações. Ela revela verdades fundamentais sobre nossa identidade atual e nos guia sobre como devemos conduzir nossas vidas como integrantes do Reino de Deus. Sua eficácia vai além da compreensão superficial, alcançando as áreas mais íntimas e escondidas de nosso ser, interpretando nossos pensamentos e intenções mais profundos.

Sua comparação com uma espada de dois gumes ilustra seu poder penetrante, transcendendo nossas convicções mais enraizadas e desafiando nossas verdades estabelecidas. Assim, a Palavra de Deus é uma ferramenta de discernimento, separando com precisão entre o que é verdadeiro e o que é falso, o que é bom e o mal, o que é santo e o profano, o reino da luz e o reino das trevas.

Toda a Escritura é inspirada por Deus e proveitosa para ministrar a verdade, para repreender o mal, para corrigir os erros e para ensinar a maneira certa de viver; a fim de que todo homem de Deus tenha capacidade e pleno preparo para realizar todas as boas ações. (II Timóteo 3:16-17)

Nós, que residimos em países democráticos, como no Brasil, muitas vezes não compreendemos na essência o conceito de reino, na democracia a soberania é exercida pelo povo. Em países onde predomina a monarquia, o rei detém o controle final sobre todas as decisões políticas e governamentais, enquanto o povo não tem participação direta na tomada de decisões, sendo a autoridade soberana proveniente exclusivamente do rei.

Quando o Senhor fala que chegou o reino de Deus, Ele está indicando que agora o que prevalece não é mais a vontade do povo, mas sim a soberania do Rei. Nesse sentido, Ele estabelece regras claras para aqueles que desejam transcender a democracia terrena e viver na monarquia celestial.

Um estrangeiro que decide morar em um país monárquico terá que se adaptar às regras estipuladas por aquele reino; seus costumes anteriores não serão aceitos. Se quiser viver ali, será de acordo com a cultura local. Devido a essa transição, torna-se necessário aprender, ser corrigido e instruído para se adaptar adequadamente.

Sendo assim, eu vos afirmo, e no Senhor insisto, para que não mais viveis como os gentios, que vivem na inutilidade dos seus pensamentos. Eles estão com o entendimento mergulhado nas trevas e separados da vida de Deus por causa da ignorância em que vivem, devido ao embrutecimento do seu coração. Havendo perdido toda a sensibilidade, eles se entregaram a um estilo de vida depravado, cometendo com avidez toda a espécie de impureza. Entretanto, não foi isso que vós aprendestes de Cristo! (Efésios 4:17-20)

Quando escolhemos ser noiva de Cristo, sim, é uma escolha, porque Jesus não impõe, Ele nos dá o poder de decisão. *Se alguém deseja seguir-me, negue-se a si mesmo, tome a sua cruz e me acompanhe (Mateus 16:24).* Estamos optando por um compromisso que transcende as fronteiras terrenas e abraça os valores e princípios do Reino dos Céus. Essa decisão não apenas molda nossa fé, mas também influencia nossa conduta e hábitos diários. É nesse espaço que as batalhas internas se intensificam, pois esse novo desafio expõe nosso completo despreparo e as dracmas perdidas ao longo do caminho.

Imagine uma noiva se preparando para viver com seu noivo, que vem de um país cuja cultura é completamente distinta da sua. Esse preparo vai além das mudanças externas e toca profundamente sua identidade. A resistência a essa adaptação pode gerar um profundo sentimento de não pertencimento, pois ela permanecerá dividida: de um lado, sente-se incapaz de se ajustar completamente à vida do noivo; de outro, não se vê mais completa em sua terra de origem, agora que escolheu entregar seu amor a ele.

Da mesma forma, muitos de nós vivemos hoje deslocados, vagando entre duas realidades e sem encontrar um verdadeiro sentido de pertencimento. Sentimo-nos estrangeiros, sem estar completamente em casa em nenhum lugar.

Assim como uma noiva que se prepara para se casar com um homem de outra cultura precisa aprender e entender seus costumes, tradições e etiquetas para se relacionar bem com ele e se adaptar ao seu novo lar, nós, como noiva de Cristo, somos chamados a nos familiarizar com os princípios e valores celestiais do Reino que nos é destinado. O que antes fazia parte de nossa vida já não se encaixa mais e deve ser gradualmente substituído. Este é um processo contínuo de santificação; cada passo nos aprimora, aproximando-nos da perfeição esperada da noiva de Cristo.

A santificação é o ato sobrenatural de Deus pelo qual Ele transforma o coração e a natureza interior de uma pessoa. Essa obra é acompanhada pelo Espírito Santo, que, habitando em nós, nos capacita a corrigir nosso modo de ser. Paulo descreve esse processo:

Não por causa de alguma atitude justa que pudéssemos ter praticado, mas devido à sua bondade, Ele nos salvou por meio do lavar regenerador e renovador do Espírito Santo. (Tito 3:5)

Na narrativa bíblica de Gênesis, é interessante observar que, após criar o homem, Deus percebe algo ainda faltando para que seus dias fossem verdadeiramente completos: uma companheira adequada. Deus, embora seja a fonte última de plenitude, não se apresenta como o único elemento necessário para a experiência humana ser completa. Em vez disso, Ele oferece ao homem a oportunidade de compartilhar sua existência com alguém que, somado a tudo o que já havia recebido, completaria sua vivência. Esse relato revela a naturalidade de sentirmos a necessidade de preencher uma ausência, de algo que satisfaça a incompletude inerente à nossa humanidade.

Nosso relacionamento com Cristo frequentemente começa com a busca por algo que sentimos estar ausente em nossas vidas. Surpreendentemente, mesmo após assumirmos esse compromisso, ainda podemos experimentar a sensação de que algo continua faltando, e até sentir culpa por desejar algo além de Deus, como se Ele não fosse suficiente. Para os cristãos, é desafiador admitir que, mesmo estando em Cristo, ainda enfrentamos crises existenciais e um vazio interior profundo. Contudo, é justamente ao reconhecermos nossa própria incompletude, mesmo dentro de um relacionamento perfeito com Cristo, que o Senhor nos concede o que verdadeiramente nos falta.

Uma noiva pode entrar no casamento carregando sozinha um fardo de problemas, sem se permitir compartilhar suas cargas nem dividir seus sonhos. Ao fazer isso, ela nunca conseguirá desfrutar da leveza e do privilégio de ser cuidada e realizada, e, com o passar do tempo, essas cargas gerarão cansaço, desânimo e consequentemente afastamento, impedindo-a de experimentar o amor e o cuidado de quem a escolheu para amar.

Nossas dores não nos impedirão de acessar o céu, *pois aquele que crê será salvo*. No entanto, a falta de conhecimento sobre como viver de maneira bem-aventurada pode nos condenar a uma vida pesada e sofrida nesta terra, impedindo-nos de experimentar a profundidade do amor do Noivo.

Eis que o meu povo está sendo arruinado porque lhe falta conhecimento da Palavra. Porquanto fostes negligentes no ensino, Eu também vos rejeitarei, a fim de que não mais sejais sacerdotes diante de mim; visto que vos esquecestes da Torá, Lei, do teu Elohim, Deus, eis que Eu também ignorarei vossos filhos. (Oseias 4:6)

O livro de Oseias destaca a profundidade da crise espiritual e moral vivida pelo povo de Israel. A incapacidade de aprender e viver segundo as leis de Deus os levou a uma ignorância devastadora, que se refletiu em todas as áreas de suas vidas. Essa carência de conhecimento resultou em escolhas desastrosas e em um comportamento moralmente corrompido, acelerando sua própria ruína. O sofrimento que enfrentavam era uma consequência direta das decisões infundadas, da ausência de sinceridade e da negligência em conhecer as leis divinas e a verdade de Deus.

Pois as armas da nossa guerra não são terrenas, mas poderosas em Deus para destruir fortalezas! Destruímos vãs filosofias e a arrogância que tentam levar as pessoas para longe do conhecimento de Deus, e dominamos todo o pensamento carnal, para torná-lo obediente a Cristo. (2 Coríntios 10:4-5)

Já ouviu alguém dizer: "Eu amo tal pessoa, mas não conseguimos nos conectar; parece que há uma barreira entre nós"? Essa dificuldade de conexão não se limita aos relacionamentos amorosos ou interpessoais; ela também pode ocorrer em nosso relacionamento com Cristo. Paulo nos alerta sobre as "fortalezas" que obstruem a verdade, representando barreiras mentais e emocionais que nos afastam da compreensão genuína.

Essas barreiras podem ser formadas por diversas causas, como crenças limitantes, ressentimentos, medos, mágoas, desconfianças ou questões pessoais não resolvidas. Elas dificultam a intimidade e a conexão genuína, tornando os relacionamentos superficiais ou até mesmo impossíveis. Quando nos deparamos com essas barreiras, estamos enfrentando bloqueios que impedem o acesso a um relacionamento pleno, seja com Deus ou com outras pessoas.

Assim, é essencial reconhecer e superar esses bloqueios. Muitas vezes, pensamos que estamos nos aproximando de Cristo, mas, na realidade, permanecemos imersos em ilusões e enganos. Essas barreiras são destruídas quando buscamos a mente de Cristo, esforçando-nos para pensar como Ele, ver como Ele vê e viver conforme Seus princípios. É nesse alinhamento profundo com a perspectiva divina que encontramos a verdadeira clareza e a liberdade das teias do engano.

Deus, por meio de João, direciona palavras firmes à igreja de Laodiceia, alertando sobre sua condição espiritual:

E, por este motivo, porque és morto, não és frio nem quente, estou a ponto de vomitar-te da minha boca. (Apocalipse 3:16)

Essa exortação é dirigida a todos aqueles que desejam os benefícios do reino da luz, mas persistem em adotar o estilo de vida do reino das trevas. Além da rejeição pelo Senhor, enfrentarão um conflito interior profundo e perturbador. É uma batalha entre mundos opostos, incapaz de ser sustentada com saúde física, emocional e espiritual.

O profeta adverte o povo de Israel de forma similar: *Elias, aproximando-se de todo o povo, bradou: "Até quando claudicareis das tuas pernas? Se Yahweh é Deus segui-o; se é Baal segui-o." E o povo não lhe pôde dar uma resposta (1 Reis 18:21)*. Em outras palavras, decidam-se por um lado.

Ao optar por permanecer em cima do muro, seja em qualquer situação, uma pessoa corre o risco de se sentir como um espectador solitário em uma encruzilhada, sem pertencer verdadeiramente a nenhum dos lados. Essa indecisão pode gerar uma profunda sensação de desorientação e desconexão, levando a um declínio.

Para aqueles que estão em uma posição morna, espiritualmente divididos, a sensação de afastamento de Deus é palpável em suas almas, frequentemente se sentindo abandonados. Em meio a essa angústia, podem até interpretar erroneamente Deus como um ser punitivo e distante. O que muitas vezes não é compreendido é que a divisão espiritual equivale a uma traição. É como exigir amor e fidelidade de um parceiro enquanto se envolve abertamente em um relacionamento extraconjugal.

Precisamos examinar minuciosamente nosso coração e modo de viver sob a lupa da Palavra. Assim como uma lupa amplia os detalhes mais finos, a Palavra de Deus nos ajuda a enxergar claramente os aspectos de nossas vidas que ainda não enxergamos e precisam ser tratados.

Nosso entendimento é obscurecido, mas quando trazemos a palavra de Deus, a luz chega. Contudo, faz-se necessário não apenas iluminar, mas também limpar. Na parábola da mulher que perdeu uma dracma, ela não apenas pega a lamparina para procurar, mas também a vassoura e começa a limpar. Isso nos ensina que devemos estar dispostos a esmiuçar, mas também purificar nossas vidas de tudo o que não está compatível com a vontade de Deus.

Portanto, purifica-me com hissopo e ficarei limpo; lava-me, e mais branco do que a neve serei. (Salmo 51:7)

O hissopo, uma planta valorizada por suas notáveis propriedades medicinais, é reconhecido por sua eficácia como agente antibacteriano e anti-inflamatório. No livro de Levítico, o hissopo é mencionado no contexto dos rituais de purificação, ressaltando sua eficácia em eliminar a proliferação do vírus.

Quando no salmo 51, Davi usa a expressão *"purifica-me com hissopo"* em sua oração, é uma forma de suplicar ao Senhor que limpe sua mente das impurezas que contaminam seus pensamentos e ações, removendo as manchas deixadas por suas transgressões. Limpar é o mesmo que lavar, purificar, varrer, higienizar e eliminar impurezas.

Nossa mente funciona como um mapa que se forma a partir das experiências que vivenciamos. Cada experiência deixa um rastro em nossa mente, moldando nossas percepções, emoções e comportamentos. Quando enfrentamos experiências negativas, esses rastros podem se transformar em "manchas", afetando nossa maneira de pensar e sentir.

A neurociência nos ensina que nossos neurônios são incrivelmente interconectados, capazes de formar mais de mil conexões sinápticas com outros neurônios. Essas conexões são essenciais para a comunicação entre os diferentes circuitos neurais do cérebro. Agora, imagine um neurônio "sujo", ou seja, um neurônio que foi afetado por uma experiência negativa, ele pode influenciar negativamente outros ao seu redor, propagando padrões de pensamento e comportamento prejudiciais.

Imagine que cada neurônio é uma estação de trem, e as sinapses são os trilhos que ligam essas estações. Quando um neurônio está funcionando bem, ele envia sinais positivos e úteis para outras estações. Isso ajuda o cérebro a processar informações e a manter um pensamento saudável. No entanto, se um neurônio é afetado por experiências negativas, como trauma, ele pode se tornar "contaminado". Isso significa que ele começa a transmitir sinais negativos para outras estações. É como se uma estação com problemas começasse a passar sinais errados para as outras estações ao redor.

Quando isso acontece, os neurônios afetados podem espalhar padrões negativos por toda a rede cerebral, tornando mais difícil pensar e sentir de forma saudável; a partir daí, formam-se as fortalezas mentais. Portanto, um neurônio que passa por experiências ruins pode influenciar negativamente toda a rede de comunicação do cérebro.

Em contrapartida, nosso cérebro também é capaz de se remodelar em resposta a experiências positivas. Isso significa que podemos trabalhar para limpar essas "manchas" e promover padrões de pensamento mais saudáveis e construtivos por meio de intervenções.

Concluindo, caros irmãos, absolutamente tudo o que for verdadeiro, tudo o que for honesto, tudo o que for justo, tudo o que for puro, tudo o que for amável, tudo o que for de boa fama, se houver algo de excelente ou digno de louvor, nisso pensai. (Filipenses 4:8)

Davi no salmo 51:5 reconhece que sua mente foi moldada pela iniquidade e, diante disso, busca a ajuda do Senhor para desenvolver uma nova maneira de lidar com os desafios e tentações que surgem em seu caminho, na perspectiva de Cristo.

Paulo sugere que, para transformar nossa mente, devemos introduzir novos pensamentos. Isso se alinha com o que a neurociência nos ensina sobre neuroplasticidade, que é a capacidade do cérebro de se adaptar e mudar ao longo da vida. Quando introduzimos novos pensamentos e práticas, o cérebro começa a formar novas sinapses.

Um exemplo de neuroplasticidade é o jejum. Em várias tradições religiosas, o jejum é visto como uma prática que purifica o corpo e aprofunda a conexão espiritual.

Cientificamente, os benefícios do jejum para o corpo físico incluem o desencadeamento da autofagia, um processo celular que permite às células reciclarem componentes desnecessários ou danificados. Esse processo ajuda a eliminar toxinas acumuladas e promove a renovação celular, favorecendo a saúde dos tecidos e órgãos. O jejum também fortalece o fruto do Espírito, ajudando-nos a desenvolver paciência, autocontrole e outros sentimentos que são desafiadores no dia a dia.

Fora isso, o jejum tem mostrado efeitos positivos no cérebro, como a promoção da neuroplasticidade, a redução do estresse oxidativo e a melhoria da função cognitiva.

Quando reconhecemos a necessidade de transformação em comportamentos e pensamentos arraigados, o jejum direcionado à mente se revela uma ferramenta poderosa. Ao jejuarmos buscando a purificação da mente, com a ajuda do Espírito Santo, experimentamos um efeito purificador similar ao hissopo, apoiado tanto pela fé quanto pela comprovação científica dos benefícios dessa prática espiritual.

Se alguém se purificar destes pecados, será como vaso de honra, santificado, útil para o Senhor e preparado para todo bom serviço. (II Timóteo 2:21)

Ao realizar o jejum para potencializar seu efeito purificador, é importante concentrar-se em coisas louváveis, recitar versículos bíblicos e cânticos de adoração, pois isso promove uma espécie de limpeza dos pensamentos. Nutrir bons pensamentos deve ser uma prática constante.

Ao colocarmos a candeia acesa próximo aos nossos corações hoje, o que provavelmente encontraremos?

Podemos facilmente encontrar sujeiras que podemos adjetivar como: fofoca, teimosia, maldade, desequilíbrio, arrogância, covardia, infidelidade, egoísmo, trapaça, hipocrisia, negligência, irresponsabilidade, mentira, desânimo, procrastinação, ganância, deslealdade, fingimento, promiscuidade, inferioridade, manipulação, melancolia, agressividade, avareza, preguiça, inveja, omissão, inconstância, soberba, vaidade, rancor, ciúme, ingratidão, desobediência, amargura, orgulho, falsidade, desconfiança, intolerância, indiferença, crueldade, autossuficiência, egocentrismo e frieza entre outros.

Há impurezas que percebemos rapidamente; são erros morais, condenados pelo senso comum, que qualquer pessoa pode identificar e apontar como falhas. Outras são reveladas por aqueles com quem convivemos; contudo, são apenas sintomas de algo mais profundo. A verdadeira sujeira reside na raiz, um local onde apenas o Espírito Santo pode nos levar e acessar. São impurezas tão difíceis de identificar e remover que, mesmo com a lamparina nas mãos, podemos ignorá-las. Somente persistindo com a candeia acesa e ouvindo constantemente a voz do Espírito, encontramos a coragem de finalmente reconhecer e iniciar o processo de limpeza, até conseguir varrer para fora cada uma dessas sujeiras ocultas e encontrar as dracmas perdidas.

Faz-se necessário olhar para dentro e identificar as partes sombrias do nosso ser, aquelas que preferimos ocultar dos outros e até de nós mesmos, e dar-lhes nome. Quando confrontamos as verdades dolorosas sobre nós, temos a chance de varrer para fora o que não deve mais permanecer. A identificação não é condenação, mas o reconhecimento de que precisamos de ajuda. É aí que a verdadeira limpeza começa.

Na Bíblia, Deus frequentemente usava termos confrontantes para descrever o comportamento e a infidelidade do povo de Israel, com o propósito de fazê-los enxergar quem estavam se tornando. Palavras como infiéis, prostitutos, rebeldes, víboras, hipócritas, entre outras, são citadas. Ao empregar termos impactantes, Deus busca romper a complacência e o comodismo do povo, pois temos a tendência de nos enganar, minimizando a gravidade de nossas ações. É fácil apontar o erro do outro, mas difícil é reconhecer o próprio. Esse confronto direto servia para despertar a consciência sobre suas ações, oferecendo-lhes a oportunidade de mudar suas escolhas.

Na busca, é provável que nos deparemos com feridas emocionais que ainda não cicatrizaram, carregadas de toxinas que contaminam nossos pensamentos e ações, e que podem ter comprometido nossa formação emocional e de caráter, exigindo atenção. Ao identificá-las, temos a oportunidade de iniciar o processo de cura, buscando ser redimidos. Redimir-se, neste contexto, é mais do que limpar; é reconhecer os danos causados, aceitar a necessidade de mudança e permitir que um processo de reparação e restauração ocorra em nossa vida.

Na oração descrita no Salmo 51, Davi começa reconhecendo diante de Deus suas ações e pecados: *"eu reconheço as minhas transgressões"*. O reconhecimento aqui vai além de simplesmente admitir. A palavra "reconhecer" tem origem no Latim *"recognoscere"*, que significa "tomar conhecimento, trazer à mente de novo, certificar". Essa raiz etimológica enfatiza a ideia de um entendimento profundo e consciente das próprias ações.

Ao nos aproximarmos de Deus em oração, é possível que, inadvertidamente, omitamos informações ou ainda não tenhamos plena consciência da gravidade dos fatos, muitas vezes por estarmos em estado de negação. Por isso, é fundamental desenvolvermos o hábito de, durante a oração, revisitar nossas ações, confrontando-as de forma honesta e sem distorções, trazendo cada erro diante de nós, além de pedir ao Espírito Santo que nos ajude a reconhecer o que para nós é difícil de admitir.

Quando ocorre um crime, a investigação se torna essencial. Nesse processo, é como buscar peças de um quebra-cabeça, onde cada evidência representa uma pequena parte de um todo. A reconstrução da cena do crime assemelha-se a montar esse quebra-cabeça: permite visualizar os eventos, entender como as peças se encaixam e, finalmente, revelar a imagem completa. Sem essa reconstrução, as evidências podem parecer desconexas, dificultando a determinação da verdade por trás do ocorrido.

Quando Davi diz: "e o meu pecado está sempre diante de mim" (Salmo 51:3), ele reconhece que tem peças vivas em sua mente relacionadas à "cena do crime" de seus atos, mas ainda precisa de ajuda para confrontar plenamente a gravidade de suas ações. Essa admissão de Davi reflete seu desejo de preencher o quadro completo, trazendo em oração as evidências de sua transgressão perante Deus, buscando perdão e restauração.

É comum fazermos orações genéricas, pedindo a Deus para nos perdoar por "tudo o que fizemos" ou por "todos os nossos pecados", sem realmente confrontar ou nomear nossas transgressões específicas. Ao citar o nome dos nossos erros, não apenas reconhecemos nossa necessidade do perdão e da graça de Deus, mas também abrimos espaço para o entendimento e consciência da gravidade, almejando transformação e permitindo que o Espírito Santo opere, nos transformando e nos moldando à Sua imagem.

Davi implora para não ser expulso da presença de Deus, demonstrando seu profundo desejo de permanecer em comunhão com Ele e sua consciência da gravidade de seu pecado. Em Salmo 51:11, Davi clama: *Não me afastes da tua presença, nem tires de mim teu Santo Espírito!* Essa súplica revela a sua preocupação com a possibilidade de ser afastado da presença divina e sua necessidade desesperada de encontrar perdão e restauração, desejando ardentemente ser encontrado e restaurado, em vez de ser rejeitado.

O Filho Pródigo, descrito em Lucas 15:11-32, oferece um paralelo com a história de Davi. Após afastar-se do pai para viver em excessos e indulgências, o jovem encontra-se em grande miséria, em uma situação tão degradante que se compara à dos porcos, considerados impuros para os judeus. Essa humilhação leva-o a uma profunda reflexão sobre suas escolhas e a perceber o tamanho de sua perda.

No início, ele sente-se indigno e incapaz de pedir para ser aceito como filho novamente, sentindo-se como alguém que transgrediu e esbanjou sua herança, mas, finalmente, entende que não pode viver mais longe de sua casa e decide retornar.

Levantar-me-ei, tomarei o caminho de volta para meu pai, e ao chegar lhe confessarei: "Pai, pequei contra o céu e contra ti. Não sou mais digno de ser chamado teu filho; trata-me como um dos teus trabalhadores". (Lucas 15:18)

Preparado para implorar por um lugar entre os empregados, ele está plenamente consciente da gravidade de suas ações e da condição lamentável em que se encontra, que o desqualifica para o status de filho. Sua decisão de retornar e confessar seu pecado é um ato de verdadeiro arrependimento. Semelhante a Davi, que, ao reconhecer suas transgressões, faz o caminho de volta, mesmo se percebendo indigno e clama: "*Não me afaste de tua presença e não retires de mim o teu Espírito Santo*". (Salmo 51:11)

Ao chegar diante do Pai, o discurso criado na sua mente ainda enquanto se via imundo permanece: *Então, o filho lhe declarou: "Pai, pequei contra o céu e contra ti. Não sou mais digno de ser chamado teu filho!" (Lucas 15:21).* Mas ele não tem tempo de terminar, o pai o interrompe para falar com os empregados: *"Trazei depressa a melhor roupa, vesti-o com distinção, ponde-lhe o anel de autoridade e as sandálias de filho". (Lucas 15:22)*

Melhor roupa: restauração da Identidade, representa a restauração da dignidade e do status de filho. O jovem, que anteriormente estava despojado e em condições humildes, é agora revestido com uma nova identidade que reflete seu status de herdeiro da família. A roupa nova simboliza não apenas a purificação do passado, mas também a nova posição e o restabelecimento da relação com o pai.

A vestimenta nova simboliza um novo começo para o filho, um recomeço em sua vida. É um sinal de que ele não apenas foi perdoado, mas também que está sendo totalmente reintegrado à família, com todas as implicações de honra e posição que isso acarreta.

Na cultura antiga, um anel de selo representava autoridade e filiação. Ao colocar o anel no dedo do filho, o pai está reafirmando o status de herdeiro do jovem e conferindo-lhe autoridade e plena aceitação dentro da família. É um sinal de que ele tem a mesma autoridade que antes e está sendo restaurado ao seu papel legítimo.

O anel também simboliza um compromisso permanente. Não é apenas um símbolo de aceitação momentânea, mas de uma relação restaurada e irrevogável.

O jovem que chegou considerando ser um servo, agora recebe sandálias, que eram um símbolo de status e dignidade. Na antiga sociedade judaica, os servos e trabalhadores geralmente andavam descalços, enquanto os membros da família usavam sandálias. Ao calçar o filho com sandálias, o pai está afirmando que ele não é mais um servo, mas sim um membro da família com todos os direitos e honras associados. Sandálias também representam liberdade e a capacidade de se mover. Elas simbolizam a nova liberdade do filho para se mover dentro da casa do pai, sem restrições ou limitações, em contraste com sua anterior condição de destituição e vergonha.

A busca nos conduz de volta ao caminho, levando-nos ao encontro com o Pai que nos aguarda com expectativa e amor. Ele está pronto para nos vestir com a melhor roupa, restaurar nossa dignidade e restituir o valor que sentimos ter perdido.

E quanto a nós? Conseguimos realmente refazer o caminho de volta? Podemos abrir nossos corações e confessar nossas ações, mesmo estando sujos e carregando o cheiro dos porcos? A verdadeira jornada de arrependimento exige coragem para enfrentar a própria indignidade e a disposição de aceitar a oferta de graça e restauração. Ao voltarmos ao Pai, devemos estar prontos para enfrentar a nossa condição, reconhecendo nossa necessidade de limpeza e perdão.

É essencial reconstruir as cenas de nossas vidas, juntar as peças e buscar evidências das nossas ações e escolhas. Questionar nossas atitudes e comportamentos é um exercício profundo de autoanálise e reflexão. No ambiente de trabalho, por exemplo, devemos refletir sobre a integridade, honestidade e diligência que mostramos em nossas atividades diárias. É um convite para examinarmos se nossas ações estão alinhadas com nossos valores e princípios.

Nos relacionamentos interpessoais, é vital ponderar como tratamos os outros: demonstramos compaixão e gentileza, ou deixamos transparecer egoísmo, maldade e indiferença? Cada interação é uma oportunidade de revelar quem realmente somos e de aprimorar nossa maneira de nos conectar com o próximo.

Quando lidamos com recursos financeiros, devemos questionar se agimos com honestidade e generosidade, tanto em relação ao que possuímos quanto ao que administramos. A maneira como tratamos nosso dinheiro reflete não apenas nossa ética, mas também nosso caráter.

Finalmente, no íntimo de nossos pensamentos e desejos, é fundamental confrontar nossa verdadeira essência quando ninguém está observando. A hipocrisia é como construir uma casa sobre areia movediça: pode parecer firme por fora, mas acabará por desmoronar, revelando a fragilidade de uma vida não autêntica. Este é um convite a viver com integridade, onde cada aspecto da nossa vida se alinha com a verdade interna que buscamos.

Quando você esmiúça algo, está desmembrando, desdobrando, olhando cada aspecto ou componente para entender completamente sua natureza ou funcionamento.

Uma orientação dada por Deus ao povo de Israel por meio de Moisés chamou minha atenção. Está em Levítico 14:33-53, onde são descritas as instruções sobre como lidar com o mofo encontrado em uma casa. Essas instruções não eram apenas recomendações de limpeza física adequadas para a época, mas também transmitiam lições espirituais profundas.

Ao identificar mofo em uma casa, o dono deveria chamar o sacerdote. O sacerdote, então, inspecionava a área afetada, se confirmasse a presença do mofo, ele ordenava que a casa fosse esvaziada para que todos os bens não fossem contaminados. Depois, o sacerdote mandava raspar a área contaminada e remover as pedras afetadas, que eram levadas para fora da cidade, para um lugar impuro.

Após a remoção, as pedras eram substituídas por novas e as paredes eram revestidas. O sacerdote voltava após sete dias para inspecionar a casa. Se o mofo tivesse reaparecido, a casa era considerada impura e deveria ser demolida, e todos os materiais removidos deveriam ser descartados fora da cidade. Se o mofo não reaparecesse após a limpeza e a substituição das pedras, o sacerdote realizava um ritual de purificação.

No Brasil, convivemos "bem" com o mofo, muitas vezes o tratamos de maneira casual, usando métodos caseiros. Em muitos países, o mofo é tratado de forma muito mais séria devido aos seus riscos à saúde. Em lugares como os Estados Unidos e Canadá, por exemplo, é comum chamar profissionais especializados em remoção de mofo para tratar as infestações de forma segura e eficaz. Esses profissionais utilizam equipamentos especializados para identificar, remover e prevenir o retorno do mofo, seguindo protocolos rigorosos de segurança. Em alguns casos, quando o mofo está amplamente disseminado, as famílias precisam sair de casa durante o processo de limpeza para evitar a exposição a esporos tóxicos.

A exposição ao mofo pode ter vários efeitos negativos na saúde, especialmente para pessoas com problemas respiratórios, alergias ou sistema imunológico comprometido. Por exemplo, pode desencadear crises de asma e agravar os sintomas, além de aumentar o risco de infecções respiratórias como bronquite. Um dos aspectos mais preocupantes do mofo é que alguns tipos produzem micotoxinas, substâncias tóxicas que podem causar problemas de saúde mais graves. Essas micotoxinas podem danificar o sistema nervoso central, provocar problemas digestivos e, em casos extremos, até causar câncer.

Somos semelhantes a uma casa: ignorar uma mancha pode levar a consequências graves, criando um ambiente propício para o mofo se desenvolver. Muitas vezes, notamos o surgimento de sentimentos e pensamentos desagradáveis e aprendemos a conviver com aquilo que cheira mal, optando por ignorá-los, sem considerar o risco crescente que representam.

O sacerdote, que representa o Espírito Santo, é o único capaz de fazer uma inspeção minuciosa e avaliar o nível e a gravidade do problema. Ele deseja visitar cada cômodo da casa, inclusive, aquele cantinho escondido e até o quartinho da bagunça, mas para isso precisamos convidá-lo para entrar. Ele está disposto a nos ajudar.

Geralmente, quando Ele chega, o mofo já está intenso. A princípio, pensamos que a remoção será fácil, mas logo percebemos que a raiz é mais profunda. De tempos em tempos, o mofo volta. Resistimos em chamá-Lo de volta porque sabemos que o próximo passo envolve o processo de demolição e resistimos a ser refeitos. No entanto, não há nada mais eficaz do que um vaso nas mãos do Oleiro.

A noiva, profundamente apaixonada pelo Noivo, compreende que a dracma perdida não é apenas mais uma moeda, mas um presente precioso dado pelo Amado. Essa dracma, um símbolo da beleza e do valor que o Noivo lhe conferiu, é uma expressão tangível do amor. Perder essa dracma é como desmerecer o Noivo e comprometer o compromisso firmado. Com amor ardente e um desejo inabalável, ela acende a candeia, empunha a vassoura e busca com fervor até encontrar o que foi perdido. Cada esforço, cada passo dado na busca reflete seu profundo amor e respeito, e sua determinação em restaurar o que foi perdido. Para ela, não há esforço demais, pois nada é mais precioso do que restaurar a plenitude diante do Noivo, revelando a integridade e a beleza do presente que Ele lhe deu.

Assim também acontece em nossa jornada espiritual. Nossas falhas, medos, limitações e inseguranças são como espinhos cravados na alma; quando não enfrentados, removidos e tratados, tornam-se insuportáveis, atravessando nossa essência. Cada experiência não ressignificada expele uma dracma; ao cair, deixa um vazio que nunca mais poderá ser preenchido por qualquer outra coisa, a dracma é insubstituível, perdê-la é o mesmo que viver dividido, desmembrado, como alguém que se encontra distante do Noivo.

O caminho para recuperar o que foi perdido é árduo, precisa ter humildade e coragem para enfrentar monstros de um passado sombrio, um processo que pode parecer desconfortável e doloroso. No entanto, nada se compara a dor da incompletude, esta é aterrorizante e deplorável. Sentir a dor aguda brotando das profundezas do nosso ser e irradiando em cada partícula da nossa existência dia após dia, na escuridão da desesperança é como viver condenado à desventura. Essa dor aguda deve ser interpretada como um clamor por ajuda, um grito de urgência que nos convoca à busca.

Como noiva de Cristo, recuperar o que foi perdido não é apenas uma questão de honra, mas de sobrevivência espiritual. Portanto, a busca pela dracma perdida é a busca pela restauração da nossa integridade, um clamor por estarmos inteiros e em plenitude diante d'Ele.

É preciso, então, deixar tudo o que nos prende, mesmo quando a fraqueza e a descrença ameaçam nos dominar; é necessário atender ao lamento silencioso da alma que suplica: "eu quero ser inteira de novo".

CAPÍTULO 2

O INÍCIO

> *Façamos o ser humano à nossa imagem,*
> *de acordo com a nossa semelhança.*
> *(Gênesis 1:26)*

Deus criou o homem à Sua imagem e semelhança, tornando-o um ser completo, puro e íntegro. Em seu estado original, o homem possuía a capacidade de pensar, escolher e amar de uma forma que refletia a própria natureza de Deus. Essa capacidade se manifestava em uma vida vivida em perfeita harmonia com Deus, consigo mesmo, com o outro e com a criação ao seu redor.

Quando Adão e Eva optaram por desobedecer, perderam no jardim a dracma da inocência e esse déficit carregamos até hoje em nosso DNA. Assim, todo ser humano é introduzido a este mundo já com uma dracma a menos, essa lacuna comprometeu nosso discernimento e a capacidade inerente de distinguir entre o bom e o ruim. Nessa condição paradoxal, somos seres santos, reflexo da divina imagem em que fomos criados, mas também pecadores, suscetíveis à fraqueza e propensos ao erro. Somos, simultaneamente, filhos da verdade destinados à luz e escravos da mentira, aprisionados pelas teias do engano e da ilusão, com a capacidade inerente de sentir impulsos do bem e do mal simultaneamente. Nossa missão enquanto vivermos é buscar diariamente com diligência a dracma mais valiosa: a inocência.

Reconheço que sou pecador desde o meu nascimento. Sim, desde que me concebeu minha mãe. (Salmo 51:5)

A ciência confirma que nascemos com uma mente propensa a enganos. Desde os primeiros dias de vida, desenvolvemos a habilidade de distorcer a realidade para se ajustar às nossas percepções e crenças preexistentes. A psicanálise observa que, nos primeiros dias de vida, o bebê experimenta sentimentos ambíguos em relação ao seio materno. Por exemplo, o bebê pode sentir amor pelo seio materno por fornecer nutrição e segurança, mas também pode experimentar sentimentos de raiva e frustração quando seus desejos não são prontamente atendidos. Essa situação é conhecida como ambivalência.

Ambivalência é um termo que descreve o estado de ter sentimentos ou atitudes conflitantes em relação a uma pessoa, objeto ou situação. Um exemplo clássico é o do bebê que sente amor e raiva simultaneamente pelo seio da mãe. Provavelmente, você já experimentou a sensação de profunda culpa por nutrir raiva em relação a alguém que ama. A ambivalência envolve a coexistência de sentimentos opostos, como amor e ódio, em relação à mesma pessoa.

Um exemplo tangível dessa dualidade pode ser encontrado na mirra. Essa resina aromática, conhecida por seu sabor complexo, possui notas que podem ser descritas como doces e amargas ao mesmo tempo. Esse perfil duplo da mirra reflete a própria natureza da ambivalência: uma combinação de características opostas que coexistem e se entrelaçam.

A ambivalência é frequentemente associada a uma sensação de desconforto ou confusão, resultante da dificuldade de perceber o contexto de forma clara ou de sentir uma emoção específica em relação a algo. Essa dualidade de emoções pode gerar traumas profundos, distorcendo a perspectiva e desafiando a compreensão do mundo ao nosso redor, inclusive na atualidade.

Na cruz, Jesus vivenciou uma profunda dualidade: o amargor da crucificação e o peso do pecado da humanidade se entrelaçavam com o doce sabor da graça que Ele derramava sobre todos que amava. Enquanto o fel do pecado O fazia desejar se afastar do cálice amargo, a lembrança do doce sabor da graça O conduzia a aceitar, com amor e coragem, cumprir a vontade do Pai.

A forma como uma criança é ensinada a lidar com os desafios iniciais da vida terá um impacto significativo em seu discernimento e capacidade de enfrentar futuras adversidades. Como mencionado em Provérbios 22:6: *Ensina a criança no Caminho em que deve andar, e mesmo quando for idoso não se desviará dele!*

Isso significa que os primeiros ensinamentos e experiências moldam profundamente a maneira como uma pessoa percebe e reage aos eventos ao longo de sua vida. Nem sempre as figuras de autoridade conseguem identificar ou atender adequadamente todas as necessidades de uma criança. Isso pode ocorrer por uma variedade de razões, como falta de compreensão ou limitações pessoais. Essas falhas podem resultar em lacunas no ensinamento e no desenvolvimento intelectual e emocional, deixando espaços que precisam ser preenchidos. Consequentemente, a criança pode crescer com percepções incorretas e uma maturidade incompleta, tornando-se um adulto despreparado.

Isso explica por que Jesus, após sua temporada nesta terra, pediu ao Pai que deixasse conosco a pessoa do Espírito Santo, cuja função primordial é nos conduzir. Como a nossa interpretação da vida é comprometida desde cedo, apenas andando com o Espírito Santo conseguimos nos desvincular das mentiras, aprender a viver e transcender as limitações da mente humana com maturidade, e caminhar na verdade.

O primeiro trauma da história ocorreu no Éden, representando não apenas um ato de desobediência, mas desencadeando profundas consequências emocionais e espirituais. O casal, que vivia em harmonia e proximidade com Deus, experimentou um choque emocional profundo ao ser enganado. Esse evento resultou na dor da ruptura, criando um vácuo, um espaço que antes era preenchido pela amizade entre Deus e o homem.

A ausência desse relacionamento íntimo e harmonioso marcou permanentemente a humanidade, gerando um profundo anseio por ser preenchido. Independentemente de crenças ou convicções, a busca por restaurar a conexão com o divino tornou-se uma constante na experiência humana.

O casal, que já desfrutava do conhecimento do bem e vivia em plenitude, foi seduzido pela promessa de descobrir o mal e compreender a morte, conceitos até então desconhecidos e intrigantes. Essa curiosidade e desejo de experimentar o proibido resultaram em uma perda profunda.

A palavra hebraica para serpente é *"nachash"*, um nome próprio masculino que vem de uma raiz que pode significar tanto "serpente" quanto "brilhar". Essa raiz (*nachash*) é também a fonte da palavra para "cobre" ou "bronze", sugerindo algo que brilha. O termo é frequentemente associado à palavra *"arum"*, que significa "astuto" ou "sagaz". A conexão entre serpente e brilho pode ser entendida no contexto da narrativa bíblica como um ser que atrai.

A relação entre "o" serpente (no masculino) e a ideia de brilho ou fulgor pode ser encontrada em várias tradições antigas. No Éden é descrito como mais astuto que todos os outros animais, possui uma conotação de sedução e engano, utilizando seu brilho ou fulgor para atrair e enganar Eva. Esse brilho, na interpretação metafórica, poderia representar um tipo de sabedoria ou conhecimento atraente, mas enganoso.

Essa complexidade simbólica "do" serpente é essencial para entender o impacto do evento no Éden. Ele não apenas representa a fonte do engano, mas também a tentação envolta em uma falsa promessa de iluminação e conhecimento, levando Adão e Eva à desobediência e, consequentemente, à queda.

Assim, "o" serpente não simboliza um ser grotesco e obviamente mentiroso; incorpora a astúcia e uma beleza enganadora. Sua sedução confunde o olhar com um brilho intenso, criando a ilusão de ótica. Esse falso brilho desvia facilmente o olhar da verdade, oferecendo uma promessa ilusória de sabedoria e poder.

A ilusão de ótica ocorre quando nossos olhos percebem algo que engana o cérebro, fazendo-nos acreditar que estamos vendo algo diferente da realidade. Esses enganos visuais nos fazem perceber formas, cores ou movimentos que na verdade não estão presentes ou são diferentes do que realmente são.

A decepção de ser enganado e iludido é uma das dores mais profundas do ser humano. Quando somos enganados, especialmente por alguém em que depositamos confiança, experimentamos uma série de emoções complexas e dolorosas, que nos levam a uma sensação de perda irrecuperável.

Adão e Eva, ao serem enganados, não perderam apenas sua inocência, mas principalmente sua intimidade com Deus, seu lar e a clareza das situações, pois suas mentes agora estavam constantemente expostas ao mal, sem a capacidade plena de discernir.

De maneira semelhante, quando somos enganados, perdemos mais do que a confiança específica; perdemos uma parte de nós mesmos, com repercussões duradouras que influenciam nosso comportamento e emoções de maneiras complexas. Essa perda pode nos fazer questionar nossas próprias habilidades de julgamento e discernimento, minando nossa autoconfiança e afetando nossos relacionamentos futuros. O impacto do engano vai além do momento da revelação da mentira; ele se estende ao longo do tempo, moldando nossas percepções e interações de maneira perene.

No contexto cristão, a ambivalência pode ser interpretada como a expressão da batalha entre a carne e o espírito. A Bíblia oferece numerosas narrativas que ilustram essa dualidade, mostrando o ser humano sendo profundamente atraído por aquilo que pode trazer sua própria destruição. Esse entendimento nos leva a compreender que nenhum de nós é completamente bom ou completamente mau; somos seres que abrigam essa batalha na mente, levando-nos a oscilar entre a luz e as trevas.

Embora as batalhas internas sejam uma experiência universal, as nossas próprias carregam um peso singular e frequentemente são conduzidas em silêncio. Não conseguimos explicar para nós mesmos por que ainda somos tão atraídos por coisas que já foram reveladas como destrutivas. Carregamos sentimentos e pensamentos que geram culpa e, muitas vezes, repulsa, tendo o poder de nos afastar do mundo exterior, ocultando-nos sob um véu de silêncio e solidão. Incapazes de compartilhá-los por medo ou vergonha, acabamos por enfrentar esses desafios internos em segredo, sem encontrar espaço para expressar nossas lutas e buscar apoio.

Aprendemos a reprimir o mal que percebemos dentro de nós, nos refugiando cada vez mais atrás de camadas e até mesmo cavernas, numa tentativa de evitar sermos descobertos.

Historicamente, ao perceber o mal dentro de si, algumas pessoas adotaram a prática da autopunição. Na tentativa de expiar suas culpas e combater suas próprias sombras interiores, recorriam ao espancamento e a outras formas de autoflagelação. Esta prática era especialmente comum entre certos grupos religiosos. Um exemplo notável são os Flagelantes, um movimento fortemente condenado pela Igreja, que o considerava contrário à fé. Os Flagelantes desfilavam em procissões nas cidades durante 33 dias, número que biblicamente corresponde à idade de Jesus Cristo, durante os quais se flagelavam com cordas ou cintos de extremidades cortantes. Eles acreditavam que essa prática seria suficiente para alcançar o Paraíso.

Ainda hoje, esse pensamento de autopunição permeia a mente de algumas pessoas. Tentando fugir da sua dor emocional, elas buscam alívio pelo autoferimento, como se cortar. Esse comportamento, conhecido como automutilação, é frequentemente uma tentativa de lidar com sentimentos avassaladores de culpa, tristeza, raiva ou vazio. A dor física pode, às vezes, desviar temporariamente a atenção da dor emocional intensa, oferecendo uma sensação momentânea de controle ou alívio. É como na ilusão de ótica, a dor física se torna uma distração da dor aguda da alma.

Sentimentos como de culpa e vergonha podem levar algumas pessoas a se punirem emocionalmente ou fisicamente. Elas acreditam que merecem sofrer ou que a automutilação pode expiar suas culpas. Jesus Cristo veio para perdoar nossos pecados e nos redimir da culpa. No entanto, o inimigo constantemente tenta nos fazer invalidar o sacrifício da cruz, afastando-nos do caminho da verdade.

É comum nos escondermos atrás de regras e padrões moralmente aceitos ao percebermos quem somos. A sociedade e a religião desempenham papéis importantes nesse comportamento. Muitas vezes, somos impelidos a adotar um modelo idealizado, atraente para quem esconde sua verdade. Ao nos conformarmos a esses padrões, julgamos ter encontrado a redenção, nos colocando em superioridade em relação aos outros, na segurança de que jamais descobrirão o que realmente existe dentro de nós. Embora possam não ser atitudes premeditadas, essa conduta resulta, em sua maioria, de uma busca desesperada por suprimir o lado obscuro percebido. Essa foi a denúncia que Jesus fez entre os fariseus e escribas; embora tivessem aparência de perfeição, escondiam uma alma putrefata.

Qualquer tentativa de buscar "redenção" que não passe pela verdade nos leva para uma senda de horror. Mesmo nos adequando aos padrões estabelecidos pela religião ou pela sociedade na esperança de encontrar remissão ou aceitação, sem a verdade, continuamos na ilusão da mentira.

É importante compreender que a intenção da serpente sempre foi ser como Deus; ela será eternamente uma imitação do original. Por isso, diante de nós, todos os dias, haverá caminhos que, à primeira vista, podem parecer semelhantes ao de Cristo. Esses caminhos sedutores tentam enganar nossa mente, levando-nos a acreditar que são igualmente válidos. Frequentemente, ouvimos dizer que «todos os caminhos levam ao céu», mas Jesus nunca afirmou isso. Pelo contrário, Ele declarou que o único caminho para o céu é através d›Ele, Jesus Cristo.

João, ao escrever às igrejas da Ásia menor (Apocalipse 2-3), destaca a ambivalência vivida pelas igrejas. Começando com a igreja de Éfeso, Ele reconhece suas ações corretas, a dedicação e o comprometimento. No entanto, chama a atenção para as contradições emocionais presentes, indicando que embora continuassem a realizar as obras com perfeição, não o faziam com amor. Parece soar estranho, como Deus critica um trabalho bem-feito?

A crítica feita à igreja não é sobre a qualidade das obras realizadas, mas sobre a motivação por trás delas. Muitas vezes, as pessoas podem realizar suas atividades com excelência devido à sua perícia, treinamento ou comprometimento com os resultados, mesmo que não haja um sentimento de amor envolvido na realização da tarefa. Está perfeito, mas a motivação é centrada em si mesmo. A motivação pode também estar carregada pelo prazer de reprovar o outro, a vaidade em ser melhor, a busca por aceitação e perfeição sendo fiel com as regras. Assim, ao avaliarmos nossas próprias obras e motivações, devemos nos perguntar não apenas se estamos fazendo as coisas corretamente, mas se estamos fazendo-as com a motivação certa, como Jesus instruiu:

Um novo mandamento vos dou: que vos ameis uns aos outros; assim como Eu vos amei; que dessa mesma maneira tenhais amor uns para com os outros. Através deste testemunho todos reconhecerão que sois meus discípulos: se tiverdes amor uns pelos outros. (João 13:34-35)

A orientação divina é clara e direta: lembrem-se de onde caíram e arrependam-se. Lembrar é trazer à memória, exatamente como Davi fez: "Eu reconheço o que fiz, pois o meu pecado está sempre diante de mim".

A palavra "arrependimento" vem do termo grego *"metanóia"*, que significa mudança de mente, conversão, ou mudança de direção. Partindo do entendimento de que Jesus é o caminho, o arrependimento deve ocorrer sempre que nos desviamos desse caminho. Desviar-se de Cristo significa ceder à pulsão de morte, ao erro, ao engano, e às tentações que nos afastam do que é puro. Quando reconhecemos que estamos indo por uma direção errada e nos voltamos para Cristo, estamos exercendo o verdadeiro arrependimento.

Tem um conceito na psicanálise de Sigmund Freud que revela as forças opostas que moldam o comportamento humano, são representadas pela pulsão de vida, ou Eros, e a pulsão de morte, conhecida como *Thanatos*. A pulsão de vida é a força que nos impulsiona a buscar a preservação da vida, a procriação e a conexão com os outros. Ela nos leva a criar, construir e manter a vida e a saúde, promovendo relações saudáveis, satisfação das necessidades básicas e a busca por realizações pessoais. Essa pulsão nos motiva a formar vínculos afetivos, desenvolver habilidades sociais e construir uma vida significativa. Dentro de um entendimento cristão, essa pulsão pode ser associada a benção de Deus liberada ao criar o homem.

Em contraste, a pulsão de morte representa a força que tende ao oposto: a autodestruição, a agressão e o desejo de reduzir o estado de tensão e sofrimento por meio da destruição ou do retorno ao estado de morte. Essa pulsão pode se manifestar mediante comportamentos autodestrutivos, conflitos interpessoais e uma visão negativa da vida. Ela pode surgir como uma resposta ao estresse ou à dor emocional, promovendo um ciclo de destruição e sofrimento. No contexto cristão, a pulsão de morte pode ser compreendida como a consequência da desobediência alertada por Deus a Adão no Jardim do Éden. Quando Deus disse: "*se comer certamente morrerás*".

A interação entre essas duas pulsões é complexa, influenciando profundamente o comportamento humano. O equilíbrio entre a pulsão de vida e a pulsão de morte pode criar tensões internas e externas, refletindo-se nas nossas ações e escolhas. Quando a pulsão de morte predomina, pode levar a comportamentos autodestrutivos ou de autossabotagem, enquanto a pulsão de vida promove estratégias adaptativas e construtivas para enfrentar os desafios da vida. Compreender essas pulsões ajuda a revelar as motivações subjacentes dos comportamentos humanos e as complexidades das forças que moldam nossas ações e decisões. No entanto, em um contexto em que a pulsão de morte se torna predominante, o equilíbrio pode ser ilusório; pode-se aparentar estar "vivo" enquanto, na realidade, se está imerso em um estado de morte espiritual, psicológica e emocional.

As igrejas de Sardes e Laodiceia também apresentam essa dualidade intrigante. Esse contraste entre a aparência e a realidade ilustra a pulsão de morte em ação. Sardes parecia vibrante e ativa, mas sua vitalidade espiritual havia se esgotado. A morte espiritual estava oculta sob uma fachada de reputação e atividades, refletindo uma separação interna da pulsão de vida genuína.

Por outro lado, Laodiceia vivia em um estado de mornidão espiritual, sem se posicionar firmemente a favor ou contra os valores do Evangelho, acreditando ser possível passear nos dois universos. Essas descrições não só refletem a condição das igrejas na época, mas também ecoam a ambiguidade que frequentemente caracteriza nossa própria jornada espiritual e até mesmo nossa maneira de viver.

A palavra "verdade" em hebraico é "emmet". Curiosamente, ao removermos a primeira letra, resta "met", que significa "morte". Essa transformação sutil na palavra carrega um profundo simbolismo: a ausência ou a negação da verdade conduz inevitavelmente à morte — seja espiritual, emocional ou até física. Esse contraste ressalta a estreita e delicada linha que separa a vida da morte, revelando a importância vital da verdade em todos os aspectos da existência.

A igreja de Esmirna, embora vista como a mais carente pela sociedade, foi considerada rica pelo Senhor. Em contraste, Laodiceia, apesar de sua riqueza material, foi descrita como desgraçada, miserável, pobre, cega e nua. Essa dicotomia destaca a ironia das avaliações humanas em comparação com a perspectiva divina.

Certamente, todos já testemunharam alguém que se destaca como um exemplo de perfeição em diversos aspectos, envolvendo-se em uma aura quase idealizada. A admiração que essa pessoa suscita é tão intensa que parece uma propaganda perfeita, despertando desejo e aspiração em quem observa. Às vezes, o que vemos pode parecer um exemplo inspirador a ser seguido, uma imagem que brilha com um apelo irresistível. Contudo, é crucial reconhecer que a perfeição demonstrada é ilusória, pois nenhum ser humano pode ocupar com leveza e verdade o lugar que pertence exclusivamente a Deus.

Por um tempo, tudo pode parecer imaculado, como um majestoso castelo erguido nas nuvens, radiante em sua grandiosidade. Contudo, chega o dia em que, de forma inesperada, esse castelo de aparente perfeição é abruptamente atingido. Sua fachada, que parecia inabalável, desmorona, revelando um cenário de caos e destruição. O que outrora se apresentava como uma imagem impecável se transforma em uma montanha de escombros, expondo a fragilidade e a vulnerabilidade de quem vivia sustentado apenas pelas aparências. Assim, fica evidente que o exterior jamais será capaz de refletir a verdade que reside no interior.

Ai de vós, doutores da Lei e fariseus, hipócritas! Porque sois parecidos aos túmulos caiados: com bela aparência por fora, mas por dentro estão cheios de ossos de mortos e toda espécie de imundície! (Mateus 23:27)

Cada mente carrega um mundo, com suas próprias experiências, preconceitos e interpretações, é nesse entrelaçar de pontos de vista que a verdade se dissolve. Quando nos limitamos a enxergar a nós mesmos e o mundo ao nosso redor apenas com nossos próprios olhos, ou pela perspectiva daqueles que exercem influência sobre nós, estamos confinados pelas limitações de uma mente mundana.

Diante de tudo que lemos, a pergunta que fica é: como podemos lidar com a complexidade de nossa própria natureza, que frequentemente é marcada por dualidades e contradições?

A resposta está em *Isaías 1:16-17: Ide! Lavai-vos, purificai-vos! Tirai da minha vista as vossas muitas e más obras! Cessai imediatamente de praticar o mal, aprendei a fazer o bem! Buscai o direito, corrigi o opressor!*

Com a desobediência do homem, o bom não é mais um instinto natural, mas é algo que em todo tempo será confrontado. Como perdemos a dracma da inocência, agora a busca por discernir entre o doce e o amargo precisa ser constante. Buscar é um verbo que indica a ação de procurar, pesquisar ou tentar encontrar algo.

Questionar faz parte da investigação na busca de compreender o que nos conduziu ao lugar em que estamos. Cheguei até aqui conduzido pelo bem ou foi o cultivo do mal? Ao indagarmos sobre os porquês, abrimos espaço para o entendimento. Essa busca vai além de respostas simples; é um encontro com a sabedoria divina. No entanto, devemos estar preparados tanto para as respostas quanto para as novas perguntas que surgirão em retorno.

Nem todo desafio é obra do mal; conforme Mateus 4:1, Jesus foi conduzido pelo Espírito ao deserto, onde enfrentou suas próprias provações. Em contrapartida, o povo de Israel, devido à sua desobediência, passou 40 anos vagando pelo deserto (Números 14:33-34). Portanto, é essencial investigar o propósito por trás do que estamos vivendo.

Ao explorarmos as Escrituras, compreendemos que a busca por entendimento, conhecimento e discernimento é uma prática que encontra respaldo, revelando que Deus valoriza a sinceridade de nossas indagações e se revela em resposta à nossa busca por compreensão.

E, se clamares por entendimento, e por inteligência suplicares, aos brados; se buscares a sabedoria como quem procura a prata, e como tesouros escondidos então, compreenderás o que significa o temor do SENHOR e acharás o conhecimento. (Provérbios 2:3-5)

Fazer perguntas não é sinal de falta de fé ou desrespeito a Deus; pelo contrário, é uma expressão do propósito para o qual fomos criados. Ao formar o homem à Sua imagem e semelhança, Deus nos concedeu o poder de raciocinar e questionar como parte essencial do relacionamento com Ele. Na viração do dia, o próprio Deus se aproximava para conversar com Adão, demonstrando que o diálogo e a proximidade são a essência dessa comunhão divina.

A palavra "relacionamento" deriva de "relação", que, por sua vez, vem do latim "relatio", originada do verbo "refero". Este verbo possui vários significados, como relatar, referir-se, relembrar, ou até mesmo trazer algo de volta. Esse conceito de troca e conexão reflete o processo de interação entre o ser humano e Deus, essencial para compreender as questões mais profundas da vida. Não por acaso, Deus descia diariamente na viração do dia para falar com Adão, estabelecendo um vínculo de proximidade e diálogo.

É importante compreender que nem sempre receberemos respostas para todas as nossas perguntas, mas sempre encontraremos consolo ao expressarmos nossos sentimentos, aliviando o peso que carregamos em nossos corações.

Vinde a mim todos os que estais cansados de carregar suas pesadas cargas, e Eu vos darei descanso. Tomai vosso lugar em minha canga e aprendei de mim, porque sou amável e humilde de coração, e assim achareis descanso para as vossas almas. Pois meu jugo é bom e minha carga é leve. (Mateus 11:28-30)

Orar vai muito além de apenas repetir frases prontas ou fazer petições insistentes. É, primordialmente, um ato de diálogo e comunicação com Deus, onde expressamos nossos pensamentos, sentimentos e buscamos refletir juntos com Ele.

Deus valoriza o raciocínio e por isso nos criou seres pensantes. Perguntar é uma parte importante do processo de pensamento. As perguntas nos ajudam a explorar, analisar e esclarecer conceitos ou informações que não estão claros, permitindo uma compreensão mais profunda.

Por muito tempo, a crença de que a Deus não se questiona foi amplamente divulgada nas igrejas. Cresci ouvindo isso, mas, sendo uma pessoa curiosa, sempre tive dificuldade em aceitar a ideia de fazer algo sem entender a razão. Isso sempre me pareceu incoerente com a imagem de um Deus bondoso que não estaria aberto a perguntas e explicações. Embora Deus não nos deva satisfação, como Pai Amoroso, Ele nos permite buscar compreensão sobre o que não entendemos e está disposto a nos explicar. É importante ressaltar que Ele sempre responde, embora raramente da maneira que esperamos. E essa é a melhor parte: o Senhor ampliando nossa linha de raciocínio sobre questões da vida.

O boi reconhece o seu dono e o jumento conhece o local onde o seu senhor costuma depositar o alimento diário; contudo, Israel não deseja me compreender, o meu próprio povo não age com sabedoria. (Isaías 1:3)

Os animais, dotados de instintos e padrões comportamentais inatos, demonstram uma fidelidade básica em relação aos seus cuidadores e ao ambiente em que vivem. Essa fidelidade é guiada por uma necessidade primal de sobrevivência. Por outro lado, o povo escolhido por Deus, embora dotado do poder do raciocínio e da razão, não consegue utilizar essa dádiva para um entendimento básico.

Por que é tão difícil para nós pensar?

No versículo 5 – parte B, o Senhor, através de Isaías, diz: *"De fato, toda a cabeça está em chagas, o coração tomado pelo sofrimento"*. A psicóloga Esly Carvalho frequentemente destaca que "sem sanidade não há santidade".

A sanidade, nesse contexto, refere-se à qualidade de quem tem uma mente saudável. Uma mente doente enfrenta dificuldades para compreender conceitos básicos e tende a ter um estado emocional fragilizado. A saúde mental e emocional estão profundamente interligadas, e a instabilidade emocional muitas vezes indica desordens no modo como pensamos e processamos nossas experiências.

Lembra que uma das propostas do serpente no Éden era o conhecimento? Em II Coríntios 2, Paulo afirma que a sabedoria deste mundo é reduzida a nada e acrescenta que a verdadeira revelação da sabedoria vem do Espírito Santo. Nós a recebemos e por isso temos a mente de Cristo, uma mente sã. O homem natural não consegue compreender a sabedoria de Deus, pois aos seus olhos parece loucura. É por isso que o básico não é compreendido.

Desde a planta dos pés até o alto da cabeça não existe nada são; somente machucaduras, vergões e ferimentos sangrando que não foram limpos nem atados, tampouco tratados com azeite. (Isaías 1:6)

A ausência de solidez *"desde a sola do pé até a cabeça"* sugere um desequilíbrio mental. As feridas, hematomas e chagas putrefatas indicam o comprometimento na alma.

A menção de feridas *"não limpas nem enfaixadas, nem tratadas com azeite"* sugere que o povo estava resistindo ao poder do Espírito Santo. Na Bíblia, o óleo é frequentemente usado como um símbolo do Espírito Santo. Portanto, o fato de as feridas não estarem sendo tratadas com azeite simboliza a resistência ao Espírito Santo por parte do povo.

Naquele contexto histórico, a presença e a ação do Espírito Santo estavam intimamente associadas à intervenção de Deus em meio ao Seu povo. O quebrantamento ocorria à medida que o povo compreendia a lei do Senhor e a mensagem transmitida pelos profetas. O despertar para o arrependimento era provocado pela consciência, que discernia as consequências das transgressões à lei divina. Hoje, a ação do Espírito Santo é uma realidade presente em nossas vidas, agindo diretamente em nós, nos convencendo do pecado deste mundo. Todavia, essa influência é eficaz apenas quando permitimos que Ele acesse nosso coração e nos transforme profundamente.

Quando nos machucamos, nosso corpo inicia um processo de cura que inclui a formação de uma casca sobre a ferida. Esta casca serve para proteger a área enquanto a pele e os tecidos se regeneram. No entanto, a presença da casca não é sempre um sinal de cura completa. Se a ferida não for tratada adequadamente antes da formação da casca, bactérias podem ficar presas sob ela, levando a infecções que impedem a cura adequada. Para alcançar uma cura completa, é frequentemente necessário remover a casca para limpar e tratar a ferida corretamente, garantindo que ela possa cicatrizar de forma saudável e sem complicações. Porém, esse processo é doloroso e muitos optam por ficar com a casca de proteção.

O óleo precisa ser derramado sobre as cascas que insistimos em deixar em nossa alma. O tratamento do Senhor não é violento; o óleo tem a função de amolecer para amenizar a dor da ferida. No entanto, inevitavelmente, será necessário espremer para que toda a sujeira acumulada nessa ferida saia. Após esse processo, o lugar é atado, revestido, ou seja, protegido. É somente o Espírito Santo que realiza esse processo de cura e restauração em nós.

Orar sem realmente conversar com Deus, recitando palavras sem engajamento mental, se torna uma formalidade, em vez de um diálogo genuíno com o Criador.

Podemos nos ajoelhar pensando que estamos orando, quando na verdade é apenas um monólogo; falamos, mas não pensamos, não ouvimos, e nos levantamos da mesma forma. A posição de joelhos não é suficiente para alcançar a transformação. Orar vai além disso;

é dedicar tempo para falar, mas também para ouvir e raciocinar, a ponto de desenvolver uma nova perspectiva. Se, após um período de oração, você se levantar da mesma maneira, então não é com Deus que você está falando, mas sim com o seu próprio ego.

Em Marcos 10:17, conta-se que um jovem correu em direção a Jesus, demonstrando um enorme desejo de herdar a vida eterna. Ele se ajoelhou e disse: *"Bom Mestre! O que devo fazer para herdar a vida eterna?"* Jesus respondeu: *"Bom é só um, que é Deus".*

Diferente do povo de Israel em certas ocasiões, esse jovem buscava cumprir todos os mandamentos e fazia isso desde muito cedo. Jesus entendeu que ele buscava a perfeição e, por isso, disse: *"Tu conheces os mandamentos: 'Não matarás, não adulterarás, não furtarás, não dirás falso testemunho, não enganarás ninguém, honra a teu pai e tua mãe'".* Ao que o homem declarou: *"Mestre, tudo isso tenho obedecido desde minha adolescência".* Então Jesus o olhou com compaixão e lhe revelou: *"Contudo, te falta algo mais importante. Vai, vende tudo o que tens, entrega-o aos pobres e receberás um tesouro no céu; então, vem e segue-me!". (Marcos 10:19-21)*

O homem que aparentava estar rendido, ajoelhado, buscando ir para o céu, se levantou aflito. Aflito é alguém experimentando dor, angústia, tristeza, ou preocupação intensa.

Olha "o" serpente se revelando outra vez. A sedução de ser bom, de ser igual a Deus. Essa tentação muitas vezes se esconde atrás de ações moralmente corretas. Esse desejo pode levar à tentativa de alcançar perfeição por meio de boas obras, acreditando que isso nos tornará merecedores da divindade ou de um status elevado.

Quando as palavras de Deus nos afligem, significa que estão fazendo efeito, cortando, separando a intenção correta da intenção errada, e assim nos aproximamos da verdade. Pois é exatamente isso que Jesus faz com aqueles que desejam relacionar-se com Ele: Ele abala as estruturas.

Na prática a oração é um diálogo com Deus, onde reunimos elementos para formar uma linha de raciocínio clara e sincera. É importante ser minucioso e falar a verdade completa, incluindo todos os detalhes relevantes. Podemos mencionar tudo, inclusive tudo que pesa em nosso coração.

Podemos compartilhar com Deus todas as histórias e experiências que moldaram nossa vida, desde o momento da nossa formação até o presente. Embora Ele já conheça cada detalhe sobre nós, expressar nossos pensamentos e sentimentos em oração é um ato que vai além da simples comunicação; é um processo que nos ajuda a organizar nossas ideias e compreender nossas emoções.

Ao compartilhar nossas experiências com Deus, não devemos deixar de incluir os momentos engraçados e felizes. Estar na companhia do Espírito Santo deve ser uma experiência repleta de alegria e leveza. Podemos nos sentir completamente à vontade para nos alegrar na presença de Deus, expressando nossas emoções e sentimentos mais genuínos, sem reservas ou medo, pois Ele se deleita em nossa autenticidade.

Ao explorarmos a Bíblia, descobrimos que Deus valoriza a alegria e celebração. Ele se regozija com a alegria do Seu povo, como visto em diversas passagens bíblicas que destacam a importância desses momentos festivos.

No Antigo Testamento, Deus ordenou ao povo de Israel que celebrasse várias festas e ocasiões especiais, como a Páscoa, as Primícias e os Tabernáculos. Cada uma dessas festividades tinha significados profundos, que iam desde lembrar os grandes feitos de Deus na história do povo até expressar gratidão e louvor pela Sua provisão divina. Essas celebrações incluíam não apenas rituais religiosos, mas também comida, dança e música, tornando o serviço ao Senhor uma fonte constante de alegria e celebração para o povo.

Sempre ao final de cada oração, é importante expressarmos nosso desejo de ouvir a opinião e a orientação do Espírito Santo sobre tudo o que foi compartilhado. Devemos permanecer em silêncio, permitindo que o Senhor organize nossos pensamentos e nos conduza ao entendimento.

Se fosse o meu caso, eu procuraria mais a Deus e lhe entregaria o meu problema. (Jó 5:8)

Jó, um personagem do Antigo Testamento, é frequentemente citado como um exemplo de alguém que questionou sua situação diante de um imenso sofrimento e adversidade. Enfrentando a perda de sua família, saúde e riqueza, Jó não se escondeu atrás das sombras da tristeza. Em vez disso, ele buscou diligentemente entender a razão pela qual lhe sobreveio esse mal. Propôs-se a olhar para si mesmo, fazendo perguntas difíceis e envolvendo-se em um diálogo profundo consigo mesmo, com seus amigos e, principalmente, com Deus.

Expressar-se em busca de respostas e compreensão é diferente de murmurar. O que vemos no livro de Jó é uma expressão legítima de tristeza, pesar e descontentamento diante de circunstâncias difíceis e um desejo incontrolável por respostas. Jó não se resignou ao silêncio passivo; pelo contrário, ele buscou ativamente compreender sua situação e seu relacionamento com Deus. Mesmo quando isso significava confrontar questões difíceis e desafiar as interpretações convencionais, Jó não se via como culpado de algum erro que justificasse tamanha dor. Ele persistiu em questionar, buscando respostas até obter esclarecimento sobre seu sofrimento.

A murmuração, por outro lado, consiste em difamação e insatisfação íntima e profunda, permeada pela negatividade e um olhar malicioso em relação às circunstâncias, desprovida da disposição de olhar para si mesmo e buscar soluções ou respostas construtivas.

Questionar é essencial para o aprendizado. Em uma sala de aula, por exemplo, o silêncio ou a concordância após uma explicação do professor não garante o entendimento de todos os alunos. Muitos podem estar evitando admitir suas dúvidas. Basta o professor fazer perguntas individuais para revelar isso.

Os discípulos frequentemente faziam perguntas a Jesus quando não entendiam algo. Pedro, por exemplo, perguntou quantas vezes deveria perdoar seu irmão (Mateus 18:21). Em outra ocasião, ele indagou sobre a recompensa por seguir Jesus (Mateus 19:27).

Tomé expressou sua dificuldade em crer sem ver e pediu para tocar as feridas de Jesus (João 20:27). Jesus não o repreendeu, mas permitiu que ele esclarecesse suas dúvidas.

Além dos discípulos, Gideão fez uma pergunta ousada ao Senhor ao ser chamado para liderar seu povo (Juízes 6:13). Moisés também questionou a decisão divina em relação ao povo de Israel (Êxodo 32:11-12).

Vários profetas também questionaram, Habacuque indagou sobre a justiça e o sofrimento (Habacuque 1:2-3). Jeremias questionou a prosperidade dos ímpios (Jeremias 12:1). Jonas questionou a misericórdia de Deus (Jonas 4:1-2). Elias, após uma grande vitória, questionou seu papel e propósito (1 Reis 19:10).

Esses exemplos mostram que as dúvidas fazem parte natural da jornada da vida e do aprendizado. Devemos buscá-las esclarecer sem hesitação, pois é através delas que ampliamos nossa compreensão e aprofundamos nosso conhecimento.

O silêncio velado nem sempre é um sinal de obediência; muitas vezes, é uma máscara que esconde inconformismo e raiva. Ele se assemelha à calmaria antes da tempestade, onde as emoções fervilham sob a superfície, prontas para eclodir a qualquer momento. Esse tipo de silêncio grita mais alto do que qualquer palavra, revelando um descontentamento reprimido e uma frustração contida. É o momento em que as palavras se silenciam, mas os sentimentos se acumulam. Esse silêncio não é submissão; é uma implosão de emoções não expressas, uma pressão interna prestes a transbordar.

Expor o que sentimos permite que o Espírito Santo nos esclareça toda a verdade. Quando nos abrimos e compartilhamos nossos sentimentos, estamos mostrando nossa fragilidade e necessidade de ajuda.

Quem pode perceber os próprios erros? Purifica-me dos que ainda não me são claros. (Salmos 19:12)

Pecados ocultos são aqueles que não são imediatamente perceptíveis à nossa consciência, mas que se manifestam em nossas ações. Eles agem como sementes que germinam silenciosamente, eventualmente nos levando a tomar decisões prejudiciais, afetando a nós mesmos, aos outros e desonrando o nome do Senhor. Esses pecados muitas vezes permanecem ocultos no coração e na mente, mas não invalidam seu poder de influenciar nosso comportamento de maneira negativa, nos desviando do alvo.

Em oração, é essencial expressar o desejo de descobrir esses pecados e acessar a raiz dos problemas. *Purifica-me dos que ainda não me são claros.*

Encoraje-se a pedir discernimento a Deus sobre quais crenças profundamente enraizadas podem estar influenciando sua vida. Abra seu coração e, se sentir necessário, faça perguntas desafiadoras, buscando a orientação divina para esclarecer o que ainda não compreende.

É comum nos incomodarmos com certas características que observamos nos outros, porque muitas vezes essas características refletem aspectos de nós mesmos que preferimos não enfrentar. O outro, de certa forma, funciona como um espelho que nos mostra partes de nós mesmos que podem estar escondidas ou que não queremos reconhecer.

A Bíblia narra que os amigos de Jó permaneceram ao seu lado em silêncio por dias, mergulhados em profunda reflexão. Enquanto observavam Jó, inevitavelmente olhavam para dentro de si mesmos, enxergando no sofrimento dele um reflexo de suas próprias almas.

E três amigos de Jó, ouvindo falar da desgraça que se abatera sobre ele e sua casa, vieram visitá-lo, partindo cada um de sua região, pois haviam combinado de vir prestar-lhe alguma solidariedade e consolo: Elifaz da cidade de Temã, Bildade de Suá, e Zofar, de Naamate. Eles o avistaram à distância, contudo, mal puderem reconhecê-lo e romperam em lamentação e profundo choro ali mesmo. Em desespero cada um deles rasgou seu manto e lançou terra sobre a própria cabeça. E ficaram sentados no chão, na companhia de Jó, durante sete dias e sete noites seguidos; e nenhum deles dizia a Jó qualquer palavra, pois ao contemplar seu grande sofrimento não encontravam forças para dizer nada. (Jó 2:11-13)

Jó finalmente quebra o silêncio e expressa seu profundo descontentamento com a vida, chegando ao ponto de amaldiçoar o dia de seu nascimento. A dor que ele sentia era tão intensa, tão avassaladora, que ele chega a desejar nunca ter existido. Essa é uma manifestação dolorosa do sofrimento extremo de Jó, que o leva a questionar o propósito de sua própria existência e a lamentar o fardo insuportável que ele está carregando. Esse desabafo revela a extensão da agonia emocional e física que enfrentava, ressaltando a profundidade de seu sofrimento e sua busca por respostas diante de uma situação tão devastadora.

Embora seus amigos estivessem presentes para oferecer consolo, eles não compreenderam a profundidade da dor insondável que ele carregava. Elifaz, Bildade e Zofar insinuaram que a condição angustiante de Jó advinha de algum pecado, pois acreditavam que Deus não permitiria tal sofrimento se ele fosse inocente. Eles tentaram convencer Jó a se arrepender, oferecendo diversos conselhos baseados em suas próprias interpretações e pontos de vista limitados. Talvez os apontamentos que faziam a Jó fossem um reflexo de seus próprios pecados, projetando suas falhas e inseguranças sobre ele. É válido analisarmos aquilo que nos irrita no outro, pois esse processo pode revelar muito sobre nós mesmos.

Eu, no lugar de Jó, provavelmente não resistiria e lançaria um caquinho direto na cabeça deles! Certos "amigos" desempenham perfeitamente o papel de inimigos.

É fundamental reconhecer a importância de manter o silêncio e demonstrar respeito diante de certas circunstâncias, como momentos de luto, tristeza ou dor de outras pessoas. Saber ser oportuno é essencial, pois até as palavras certas podem ser questionáveis quando empregadas no momento errado. Em *Provérbios 17:28*, está escrito: *Até mesmo o tolo passará por sábio, se conservar sua boca fechada; e, se dominar a língua, parecerá até que tem grande inteligência.* Portanto, quando estiver diante de uma situação complexa e não souber o que dizer, é um privilégio silenciar-se.

Nosso ponto de vista e percepção nem sempre são relevantes, pois são frequentemente influenciados por interpretações pessoais. O que pode parecer óbvio para mim pode não refletir a verdade do outro e, mesmo com convicção, posso estar equivocada. Prova disso é a desaprovação de Deus às falas dos amigos de Jó.

O sofrimento de Jó não estava relacionado a algo que ele havia feito; havia um propósito maior. Os pensamentos de Deus não são acessíveis ao entendimento humano. Contudo, a dor não destruiu Jó, pelo contrário, ele foi levado a um novo nível de relacionamento com Deus. Jó 42:5: *De fato, meus ouvidos já tinham ouvido a teu respeito; contudo, agora os meus olhos te contemplaram!*

Jó compreendeu quem Deus realmente é através de suas perguntas. As respostas e também as perguntas divinas trouxeram revelações tão profundas que o deixaram sem palavras. Essa troca não apenas destacou a grandeza de Deus, mas também expandiu a capacidade de entendimento de Jó, conduzindo-o a um nível mais profundo de intimidade com o Criador.

Embora possamos acreditar ter habilidades apuradas para analisar os outros, muitas vezes permanecemos ignorantes em relação a nós mesmos. O que julgamos ter percebido em alguém pode, na verdade, ser um reflexo de nossos próprios aspectos, agindo como um espelho que nos revela nuances de nossa própria alma. Julgamos o outro, transferimos responsabilidades, e poucas são as vezes que olhamos para nós com os óculos da verdade.

Quando questionado por Deus sobre suas ações, Adão transferiu a responsabilidade a Deus, dizendo que a culpa era da mulher que o próprio Deus lhe havia dado. Eva, por sua vez, transferiu a culpa a quem lhe seduziu.

Ao revisitarmos nossa história, é comum encontrarmos alguém a quem queremos transferir a responsabilidade pelo que nos tornamos. Figuras de autoridade, a sociedade, a família – sempre haverá alguém a quem atribuiremos o papel de vilão em nossa narrativa. Essa pessoa pode, de fato, ter tido participação na dor que sentimos, mas, se nos fixarmos nisso, viveremos sempre olhando para uma sombra e nunca encontraremos o que de mais valioso perdemos.

A responsabilidade recaiu sobre aquele que ofereceu a sedução, e por isso está condenado à perdição. Entretanto, qual será o destino daqueles que foram seduzidos?

Somos criados à semelhança de Deus, e a santidade é o nosso fundamento. Portanto, a sedução ao pecado sempre se origina de estímulos externos. Para nos desviar do caminho da verdade, esses estímulos sempre se apresentam com o brilho da ilusão, carregados de falsas promessas. Nossa redenção ocorre quando reconhecemos as limitações da nossa mente e nos arrependemos por não termos percebido a mentira em tempo.

Por outro lado, "o" serpente, *Arum*, era brilhante, sedutor e astuto, mas nele havia inveja. Seu desejo de ser igual a Deus surgiu de sua própria ambição, para ele não há redenção.

Como foi que caíste dos céus, ó estrela da manhã, filho d'alva, da alvorada? Como foste atirado à terra, tu que derrubavas todas as nações? Afinal, tu costumavas declarar em teu coração: "Hei de subir até aos céus; erguerei o meu trono acima das estrelas de Deus; eu me estabelecerei na montanha da Assembleia, no ponto mais elevado de Zafon, o alto do norte, o monte santo. Subirei mais alto que as mais altas nuvens; tornar-me-ei semelhante ao Altíssimo!" Contudo, às profundezas do Sheol, da morte, foste precipitado; lançado foste no fundo do abismo! (Isaías 14:12-15)

CAPÍTULO 3

ESCOLHAS PERIGOSAS

Contudo, não comerás da árvore do conhecimento do bem e do mal, porque no dia em que dela comeres, com toda a certeza morrerás!
(Gênesis 2:17)

Em todos os momentos, nos deparamos com escolhas que podem ser desafiadoras e até mesmo perigosas. Cada decisão que tomamos carrega consigo consequências, e Deus, em Sua bondade infinita, já nos alertou sobre os impactos significativos dessas escolhas, tanto para a vida quanto para a morte.

Os primeiros habitantes desfrutavam de uma existência harmoniosa com Deus, onde tudo lhes era provido para uma vida plena e satisfatória. No entanto, confrontados com a escolha entre obedecer ou desobedecer à única restrição estabelecida por Deus, encontraram-se em uma encruzilhada decisiva. A tentação de desafiar essa proibição tornou-se irresistível, em parte devido à familiaridade com a experiência de viver em harmonia. A provocação que enfrentaram foi descobrir o que significava "morrer", um conceito até então desconhecido e misterioso para eles. Este desejo de entender o desconhecido, associado à tentação de ultrapassar os limites impostos por Deus, levou à queda, marcando o fim da inocência e o início da experiência do pecado e da morte.

A escolha representou uma ruptura com a ordem estabelecida por Deus, que mantinha o equilíbrio para o homem. Ao ultrapassar esse limite, ocorreu um desequilíbrio no aparelho psíquico. A partir desse episódio, viver tornou-se perigoso, pois o homem não está mais simplesmente atraído pelo bem, mas também pelo mal.

A experiência de Adão foi tão traumática que Deus, em Sua sabedoria, decidiu removê-lo do ambiente do Jardim, essa não foi uma medida punitiva, mas uma ação necessária para protegê-lo. Levando em conta o potencial destrutivo que sua condição emocional e espiritual poderia ter se ele tivesse acesso à árvore da vida em seu estado alterado.

A ordem foi clara: *"Se comer certamente morrerá!"* A verdadeira morte é viver longe do propósito original para o qual o homem foi designado. Ao nos desviarmos do caminho traçado, perdemos a oportunidade de experimentar uma vida verdadeira e autêntica. Em vez disso, nos tornamos errantes em um deserto emocional, lutando constantemente contra nossa própria natureza. Tentamos nos encaixar em papéis e expectativas que nunca parecem nos pertencer verdadeiramente.

O sentimento é de termos sido removidos do lugar que nos pertencia, nos tornou estranhos em nossa própria vida. É como se estivéssemos desconectados de uma sensação de pertencimento ou propósito, perdidos em um mundo que parece estranho e desconhecido.

É fascinante observar como nosso cérebro responde a situações dolorosas. Frequentemente, diante de eventos conturbados, ele age instintivamente, ocultando as lembranças ou sentimentos associados a essas experiências. Essa medida de proteção é essencial para preservar nossa integridade emocional e garantir que possamos continuar funcionando no dia a dia. No entanto, essa proteção vem com um preço: a perda da plena compreensão de si mesmo.

À medida que nossa mente se empenha em nos proteger dos sofrimentos, é como se uma parte de nossa essência se fragmentasse. Essa divisão interna pode resultar em desconforto, sintomas físicos, psicológicos e espirituais.

Aqueles que enfrentam esse dilema vivenciam uma busca contínua pela integração e cura, procurando harmonizar e reunir as partes fragmentadas de si mesmos.

Adão nunca mais foi o mesmo; uma parte de sua essência ficou para sempre no jardim. Interrompido em seu estado mais puro, foi arrancado de seu habitat e lançado em uma existência marcada pela separação. Alguém afastado de um lugar enfrenta dificuldades ao se ajustar a um novo ambiente ou situação, sentindo-se perdido e desorientado, sem saber quem é ou a que lugar pertence.

Assim é o destino do homem: viver em busca de plenitude, mesmo sem compreender plenamente o que procura. Conscientes de uma falta interior, somos impulsionados a uma jornada incessante, movidos pela esperança de encontrar algo que preencha o vazio. Essa inquietação nos empurra a romper com a monotonia do cotidiano, ansiando por uma transformação que quebre a apatia que nos envolve. No entanto, essa ânsia por completude muitas vezes nos conduz a prazeres fugazes e ilusórios, em uma busca desenfreada por aquilo que acreditamos ser a totalidade que nos falta.

Podemos ser seduzidos por falsas promessas, aquelas que oferecem um êxtase momentâneo, uma satisfação imediata dos nossos mais profundos anseios. Ao nos entregarmos a essas promessas, elas muitas vezes se revelam ainda mais exuberantes do que havíamos imaginado. No entanto, esse prazer efêmero logo se dissipa, deixando-nos com um vazio ainda mais profundo do que antes.

É como se, ao saborear brevemente o êxtase, nos tornássemos prisioneiros de sua ilusória promessa de integralidade. Caímos na armadilha da busca incessante por uma felicidade fugaz, incapazes de reconhecer que a verdadeira plenitude não reside em prazeres passageiros.

Assim, envolvido por essa busca, o comportamento inadequado se enraíza, transformando-se em um padrão de existência que ultrapassa os limites preestabelecidos, aquele prazer não existe mais, agora o caminho é sombrio e autodestrutivo. Nesse ciclo vicioso, mais uma vez perdemos o equilíbrio, cegados pelo desejo incessante por mais, mesmo que isso nos conduza à morte.

É provável que muitos de nós, em determinados momentos, sintamos a tentação de ultrapassar os limites em busca de mais poder, mais sexo, mais aventura, dinheiro, aceitação, êxtase, aprovação, felicidade, fama etc. Cada um de nós pode se encontrar impelido a ultrapassar esses limites por uma falsa ilusão de que precisamos de mais do que já possuímos.

O intrigante é que, muitas vezes, as consequências reais de nossas escolhas permanecem ocultas por um tempo. No relato de Adão e Eva, a morte não foi imediata após cederem à tentação; a consciência dessa ruptura surgiu somente ao perceberem que não podiam mais encarar o Criador face a face. A transgressão os afastou da presença divina, mas a gravidade de sua decisão só se revelou plenamente com o tempo.

De início, raramente reconhecemos nossas ações como desobediência ou um passo em direção às trevas. É como quando pensamos: "Eu vou ali e volto logo", acreditando que tudo permanecerá como está, sem grandes consequências. Ao nos depararmos com uma árvore carregada de frutos, é fácil imaginar que pegar apenas um, dar uma mordida, não mudará nada de significativo. Mas é nesse aparente "simples gesto" que reside o potencial para algo muito maior — uma ruptura que pode transformar radicalmente nossa realidade.

Esquecemos que a serpente acessa o jardim de Deus. Entregar nosso coração ao Senhor não impede que a serpente astutamente se rasteje para nos seduzir. Quando temos essa percepção, conseguimos fugir de tudo que nos estimula ao erro; caso contrário, nos deixamos ser levados.

O que começou como uma simples ida rápida, logo se transforma em um hábito frequente, e o que inicialmente parecia ser uma pequena indulgência agora não satisfaz mais. O desejo por mais se intensifica, dando início a um ciclo vicioso de autodestruição, reconhecido pelos cristãos como algo demoníaco. No final, é como se nos tornássemos prisioneiros de nós mesmos, enfermos em nossa própria condição.

Juízes 13-16 nos apresenta uma história carregada de força, queda e redenção. Sansão nasceu com uma missão clara: libertar o povo de Israel da opressão dos filisteus. Desde o nascimento, seus pais receberam instruções divinas sobre sua vocação e como deveria ser seu estilo de vida. Sansão, porém, demonstrou uma personalidade impulsiva e uma tendência a desafiar as normas estabelecidas em busca do prazer, apesar das advertências, ele agia por impulso, desrespeitando as regras e desafiando o perigo. Parecia sempre escapar ileso das consequências de suas ações, o que pode tê-lo levado a uma falsa sensação de invencibilidade.

É comum ficarmos no lugar do erro enquanto não somos confrontados; há uma sensação de se sentir mais esperto que o diabo, achando que podemos driblar até as consequências. Assim, ele continuava flertando com o mal.

A repetição pode se manifestar em nossas vidas de várias maneiras: repetimos comportamentos, atitudes e padrões de pensamento muitas vezes de forma automática, sem percebermos, até que esse ciclo seja conscientizado e interrompido. No entanto, também existem repetições conscientes de comportamento, como os chamados "pecados de estimação", que alimentamos deliberadamente, muitas vezes convencidos de que estão sob controle. Esse impulso de repetir pode estar relacionado ao desejo insaciável, associado ao convencimento de que precisamos ou merecemos, insistimos em satisfazer um anseio que nunca parece ser completamente saciado.

Antes de comer o fruto da destruição, há sempre um diálogo com "o" serpente. Nesse momento, surgem duas linhas de raciocínio: uma que aponta as consequências negativas e outra que estimula de forma sedutora pelo prazer imediato.

Do abismo as águas chamam as torrentes no troar de suas cataratas, e todos os vagalhões se precipitaram sobre mim. (Salmos 42:7)

Um abismo chama outro abismo. Essa expressão ressalta a ideia de que nossas ações e escolhas podem desencadear consequências que nos levam ainda mais para o fundo do poço. Quando nos entregamos ao desejo de querer mais, seja por prazer, poder ou reconhecimento, entramos em um ciclo vicioso que pode nos arrastar para um abismo sem fim.

A busca incessante pelo "mais" nos torna escravos de nossos próprios desejos e impulsos. Como resultado, o acúmulo de tensão se torna insustentável, incendiando tudo ao seu redor.

Quando o Criador alertou Adão de que ao comer o fruto ele morreria, não estava se referindo apenas à morte física, mas sim a uma morte interior, uma desconexão que o afastaria de sua verdadeira essência e propósito. Essa ruptura resultaria em um ser incompleto, desviado de seu caminho, vagando sem rumo em um ciclo incessante de busca e insatisfação.

Sansão, inicialmente, desconhecia a derrota e acreditava ser invencível. Ele desafiava até mesmo o próprio Deus, passando ileso por diversos desafios. No entanto, em sua arrogância, ele não percebeu que sua força derivava da presença do Espírito Santo. Quando o Espírito o abandonou, Sansão não percebeu que estava sozinho e continuou a se considerar forte. Ele menosprezou o inimigo, achando que jamais seria vencido por ele. O que ele esqueceu é que o inimigo não resiste apenas ao poder de Deus.

Então Dalila o chamou: "Sansão! Vê, os filisteus estão voltando!" Acordando do sono, ele disse: "Sairei e me livrarei deles como das outras vezes." Entretanto, ele não tinha notado que o SENHOR já se havia retirado dele. (Juízes 16:20)

Ao se ver em uma situação deplorável, sendo objeto de piada pelos filisteus, ele pede a Deus mais uma oportunidade. Deus lhe concede, o Espírito de força vem sobre ele e Sansão mata mais inimigos em seu último dia do que durante toda sua vida.

Relembrando a oração de Davi, ao pedir para que não lhe seja retirado o Espírito de Deus, nem que seja expulso da presença do Senhor, ele expressa que não suportaria seguir incompleto e jamais venceria sem a presença do Senhor.

Deus nunca se ocultará quando buscamos a melhor opção. Ele não nos deixará sem orientação quando pedimos sua orientação. A questão crucial é até que ponto estamos dispostos a recalcular nossa rota quando percebemos que estamos nos desviando do caminho certo.

O povo de Israel estava destinado a seguir um caminho direto para chegar à terra prometida em poucos dias. No entanto, em vez de confiar na orientação de Deus, eles murmuraram e resistiram às Suas ordens. Por não entenderem a orientação do Senhor, desviaram-se de seu caminho, o que deveria ser conquistado em dias acabou levando quarenta anos. Apesar disso, o Senhor estava sempre disposto a orientá-los e oferecer-lhes instruções claras.

O perigo das nossas escolhas é que elas têm o poder de nos moldar. Aqueles que têm a mentalidade de escravo nunca encontrarão a porta da liberdade. O coração do povo de Israel nunca esteve verdadeiramente na terra prometida; eles continuavam presos ao Egito, sentindo saudades do que viviam ali. Parece contraditório, mas é possível sentirmos saudade do que nos fazia mal.

Já ouviu falar de pessoas que se apaixonam por seus opressores, o que é conhecido como "síndrome de Estocolmo"? Essa síndrome é um fenômeno psicológico no qual a vítima de um sequestro ou abuso desenvolve sentimentos de empatia, simpatia ou até mesmo apego emocional pelo agressor, como uma forma de adaptação para sobreviver à situação traumática. Isso acontece devido à obscuridade da mente humana e aos mecanismos psicológicos que podem levar alguém a se apegar à fonte de seu sofrimento, em uma tentativa de encontrar conforto ou familiaridade em uma situação adversa.

Nosso cérebro está constantemente buscando maneiras de aliviar a dor, muitas vezes recorrendo até mesmo a falsas justificativas.

Nós nos lembramos do peixe que comíamos por um nada no Egito, dos pepinos, dos melões, das verduras, das cebolas e dos alhos! (Números 11:5)

Nesse texto, vemos o povo hebreu recorrendo à memória afetiva ao expressar saudades dos alimentos que costumavam comer livremente no Egito. A comida possui um profundo impacto na memória afetiva devido à sua capacidade de evocar emoções, sensações e experiências pessoais significativas.

A memória afetiva refere-se à habilidade do cérebro de armazenar e evocar lembranças associadas a emoções e sentimentos intensos. Ao contrário da memória puramente factual, que retém informações como datas, eventos e fatos objetivos, a memória afetiva guarda experiências carregadas emocionalmente. Essas lembranças são frequentemente mais vívidas e duradouras porque estão conectadas a emoções como alegria, tristeza, medo e amor, entre outras.

É possível que os alimentos mencionados no texto tenham sido parte de momentos importantes na vida do povo no Egito, evocando sentimentos de conforto, familiaridade e até nostalgia, apesar de estarem em situação de cativeiro. Mesmo sob opressão no Egito, aquele ambiente era o lar que eles conheciam e do qual não conseguiam se desvincular.

A ordem de Deus é para que nos desvinculemos do passado, pois a revisitação nunca é feita em pé de igualdade, mas sempre carregada de percepções emocionais do momento presente.

Não vos lembreis dos acontecimentos passados, nem considereis os fatos antigos. Eis que realizo uma nova obra, que já está para acontecer. Não percebestes ainda? Porei um caminho no deserto e rios no ermo. (Isaías 43:18-19)

É comum ouvirmos a expressão: "todo morto vira santo". Durante o processo de luto, aqueles que perderam alguém frequentemente buscam lembranças que exaltem o ente querido, ignorando por completo as negativas. Isso permite uma reavaliação da percepção que tinham da pessoa, recontextualizando a relação após a perda. Muitas vezes, ficamos presos em narrativas fantasiosas que idealizam o passado, amenizando o sofrimento e alterando a realidade na nossa memória de forma enganosa. Esse fenômeno não se limita apenas às pessoas, mas também ocorre em relação a épocas, eventos e situações diversas, como ocorreu com o povo em relação ao Egito.

Quando estamos em uma situação desconfortável ou desafiadora, especialmente em fase de adaptação a algo novo, é comum olharmos para o passado com uma visão distorcida e idealizada. Essa tendência, conhecida como "distorção da memória", ocorre porque nossa mente busca conforto e segurança em tempos de incerteza. As dificuldades presentes fazem com que o passado pareça mais atraente, mesmo que na época também tenha sido repleto de problemas.

Existem diferentes tipos de distorção da memória, cada um com suas próprias características. Um dos mais comuns é a confabulação, onde a pessoa preenche lacunas em suas lembranças com informações falsas ou inventadas. Outro tipo é a memória sugestionável, que acontece quando a pessoa é influenciada por sugestões externas, levando-a a lembrar de um evento de maneira diferente do que realmente ocorreu.

Adicionalmente, podemos explorar a diferença entre memória implícita e explícita. A memória implícita se refere a lembranças que não são acessadas de forma consciente, mas que influenciam nosso comportamento e habilidades. Em contraste, a memória explícita abrange lembranças conscientes, que podemos acessar e descrever facilmente. Ambos os tipos de memória podem ser suscetíveis a distorções.

Podemos citar também que nosso cérebro é capaz de criar falsas memórias, que são uma manifestação interessante relacionada à distorção da memória. Elas ocorrem quando uma pessoa se lembra de algo que nunca aconteceu. As falsas memórias podem ser criadas por sugestões externas, como perguntas sugestivas durante um interrogatório, foi isso que "o" serpente fez: *"É verdade que Deus disse: 'Vocês não devem comer de nenhum fruto das árvores do jardim'?"* Ou podem surgir espontaneamente, como resultado da reconstrução da memória.

Quando Deus diz "Deixe-me assumir o controle", isso reflete a ideia de que a mente humana, com todas as suas nuances, é limitada e propensa à distorção ao explorar fatos por conta própria.

Um princípio bíblico que ressoa com essa ideia é encontrado em *Provérbios 3:5-6: Confia no SENHOR de todo o teu coração e não te apóies no teu próprio entendimento. Reconhece o SENHOR em todos os teus caminhos, e Ele endireitará as tuas veredas.* Este versículo encoraja a confiança plena em Deus e a submissão à Sua orientação para que Ele possa dirigir nossos pensamentos de maneira correta e verdadeira.

Quem confia apenas em si mesmo é insensato, porém quem caminha de acordo com a sabedoria, não corre perigo. (Provérbios 28:26)

A sedução é frequentemente eficaz ao trabalhar no campo das emoções, despertando algo dentro de nós que pode obscurecer nosso julgamento racional. Ela nos envolve em um desejo ardente ou uma ilusão de prazer imediato, muitas vezes às custas da razão e do discernimento consciente. As escolhas perigosas são aquelas que são tomadas com base exclusivamente nos sentimentos, sem a devida ponderação racional e, principalmente, sem considerar a orientação de Cristo.

Porquanto somente Eu conheço os planos que determinei a vosso respeito!', declara Yahweh, 'planos de fazê-los prosperar e não de lhes causar dor e prejuízo, planos para dar-vos esperança e um futuro melhor. (Jeremias 29:11)

Deus nos lembra constantemente de Sua bondade porque, psicologicamente, tendemos a nos fixar mais nas experiências negativas do que nas positivas, um episódio conhecido como viés de negatividade, que influencia nossas emoções e percepções. No entanto, a recomendação é não se fundamentar em emoções, mas em uma confiança sólida em Deus. Um exemplo poderoso disso é Jesus Cristo no Getsêmani, onde, apesar da intensa agonia, Ele escolheu obedecer à vontade do Pai. Ao expressar *"Pai, se queres, afasta de mim este cálice;"*, Ele revela seu desejo humano natural de evitar o sofrimento, mas sua decisão final é de total submissão a Deus, *"entretanto, não seja feita a minha vontade, mas o que Tu desejas!"* (Lucas 22:42).

Escolher corretamente não se baseia em sentimentos, mas em uma compreensão profunda do propósito divino e em uma confiança inabalável em Deus. A palavra "inabalável" descreve algo que não pode ser movido, abalado ou alterado. Ela transmite a ideia de solidez, firmeza e estabilidade absoluta, mesmo diante das circunstâncias mais desafiadoras.

Quando decidimos confiar em Deus, essa confiança ultrapassa o que nossos olhos podem ver ou nossa mente pode compreender. É uma fé fundamentada na certeza de Seu caráter constante e de Seu cuidado infalível. Embora pareça ir contra nossa natureza humana — inclinada à dúvida e ao controle —, é exatamente essa confiança, cega aos nossos próprios entendimentos, que nos conduz ao verdadeiro sucesso em todas as áreas da vida. Confiar em Deus, cuja essência é imutável, nos ensina que a estabilidade que buscamos só pode ser encontrada n'Ele, a rocha eterna sobre a qual podemos firmar nossos passos.

Orar pedindo ao Senhor clareza na interpretação dos fatos torna-se uma prática essencial em sua jornada de intercessão.

Toda boa dádiva e todo dom perfeito vêm do alto, descendo do Pai das luzes, em quem não há oscilação como se vê nas nuvens inconstantes. (Tiago 1:17)

CAPÍTULO 4

COMO LIDAR COM QUEM EU ME TORNEI?

> *Então os olhos dos dois se abriram, e perceberam que estavam nus; em seguida entrelaçaram folhas de figueira e fizeram cintas para cobrir-se.*
> (Gênesis 3:7)

Ao perceberem que estavam nus, logo deram um jeito e aprenderam a costurar. Até hoje, é assim: sempre encontramos formas e damos jeitinhos, encontrando maneiras de cobrir nossa nudez.

Será que Adão, ao perceber sua nudez, imediatamente questionou suas decisões e refletiu sobre as consequências de suas ações? Talvez ele tenha se perguntado: por que não tive a firmeza necessária para resistir à tentação? Por que me permiti ceder, em vez de permanecer fiel à instrução de Deus? Tais questionamentos, no entanto, geralmente não surgem de imediato; eles emergem quando reconhecemos que nossas tentativas de cobrir a nudez não foram eficazes.

Embora não saibamos se Adão entrou em um dilema sobre suas decisões, é certo que muitos de nós nos vemos mergulhados em questionamentos semelhantes. Sentimo-nos culpados e arrependidos pelas escolhas e decisões do passado, refletindo sobre como poderíamos ter agido de maneira diferente.

Ora, não há nada mais enganoso e irremediável do que o coração humano, e sua doença é incurável. Quem é capaz de compreendê-lo? (Jeremias 17:9)

Já entendemos que, de fato, nossa mente, e consequentemente o coração, é uma região vulnerável, onde muitos "vírus da tentação" podem residir.

A medicina comprova que existem vírus que têm a capacidade de permanecer em um estado latente dentro de um organismo hospedeiro por toda uma vida. Durante esse estado latente, o vírus não está ativamente replicando-se nem causando sintomas da doença, permanece silencioso, quase adormecido, dentro das células do hospedeiro, aguardando condições propícias para se manifestarem.

No entanto, sob certas condições, como estresse físico, emocional, entre outros, o vírus pode ser reativado. Isso significa que o vírus deixa o estado latente e se torna ativo, começando a se replicar e deixando seu rastro.

O coração é exatamente assim, hospedeiro de todos os tipos de "vírus da tentação", esperando pacientemente por uma oportunidade de se manifestarem. Às vezes, é difícil compreender quando nos encontramos agindo de maneira inesperada ou fora de nosso caráter usual. Parece que perdemos o controle, como se fôssemos dominados por forças desconhecidas, despertando impulsos e comportamentos que nem sempre reconhecemos como nossos próprios.

Em 2 Coríntios 13:5, Paulo nos incentiva: *Examinai, portanto, a vós mesmos, a fim de verificar se estais realmente na fé. Provai a vós mesmos. Ou não percebeis que Jesus Cristo está em vós? A não ser que já estejais reprovados.*

Paulo nos encoraja a um autoexame. Provar a si mesmo implica nos submetermos a testes internos, fazendo perguntas, confrontando nossos pensamentos, sentimentos e ações com os princípios da fé que nós escolhemos professar.

O perigo não reside em sermos quem somos, mas sim em ceder a tudo o que somos. Nenhum impulso surge instantaneamente; o ambiente oferece sinais claros de que estamos propensos à fraqueza. No entanto, escolhemos dialogar com o perigo, nos convencer de que aquele risco não nos afetará como parece afetar.

Chamamos de diálogo interno uma conversação que mantemos na mente, geralmente esse diálogo é dual, pensamentos e sentimentos contraditórios, onde tanto aspectos positivos e negativos são considerados, e gastamos tempo tentando nos convencer de que estamos no controle, e permanecemos ali, ignorando os sinais que nos alertam. Ao fazê-lo, criamos um ambiente para que o vírus latente dentro de nós ganhe vida. Quando os sintomas surgem "de repente" e o controle é perdido, revela-se que não demos a devida atenção ao perigo, mesmo estando cientes dos riscos.

Mostrar-se frágil diante da tentação muitas vezes é encarado como um ato de vergonha ou humilhação. Há uma relutância em admitir que estamos sendo tentados, como se isso fosse um sinal de fraqueza. No entanto, essa percepção está equivocada, pois reconhecer nossa vulnerabilidade é, na verdade, um sinal de lucidez, até mais que isso, é aceitar que somos filhos amados por Deus e podemos contar com sua ajuda e bondade quando nos sentimos fracos.

Nesse homem me orgulharei, mas não em mim mesmo, a não ser em minhas próprias fraquezas. Ainda que eu decidisse gloriar-me não seria, de fato, insensato, porquanto estaria narrando verdades. Contudo, evito falar sobre isso para que ninguém pense a meu respeito mais do que seja capaz de observar em minha vida ou de mim pode ouvir. (II Coríntios 12:5-6)

A atitude de Paulo em gloriar-se em suas fraquezas é, de fato, inspiradora! Na fraqueza humana, é onde a graça de Deus se revela.

A verdadeira santidade não consiste em negar nossa humanidade, mas em aceitá-la plenamente. Reconhecer nossas fraquezas nos permite buscar equilíbrio e controle sobre nossos impulsos, sempre contando com a orientação do Espírito Santo.

Ao ler Gênesis 39:6-20, nos deparamos com uma mulher que aparentemente busca seduzir um homem para satisfazer um desejo sexual; no entanto, é possível que haja mais em jogo do que simplesmente isso. A mulher de Potifar pode ter ansiado por algo além do prazer sexual. Talvez tenha sido a quebra da rotina, a curiosidade de ultrapassar limites ou a aventura de experimentar um prazer proibido, ou talvez o fascínio de seduzir alguém que se tornou seu objeto de desejo apenas pela impossibilidade de tê-lo. Essa procura pelo proibido pode representar uma tentativa de preencher um vazio interior ou se conectar com a pulsão de morte.

Podemos enxergá-la como um instrumento que o inimigo usou para tentar interferir nos planos de Deus. No entanto, não podemos nos esquecer de que ela também era uma alma humana, alguém com suas próprias lacunas em busca de completude. Na sua incompletude, o inimigo encontrou espaço para ativar um vírus que até então poderia estar latente.

Esse é o padrão: somos despertados por uma falta e provocados a acreditar que do outro lado está o que precisamos. Ao atravessarmos essa linha em busca do que entendemos ser o objeto da nossa satisfação, nos deparamos com a ruína. A Bíblia não nos conta o que aconteceu com a mulher de Potifar. Embora ela tenha tentado se fazer parecer inocente, sua consciência certamente a declarou culpada.

A lição aqui é clara: nossas fraquezas podem ser usadas contra nós, mas ao reconhecê-las e buscar socorro em Deus, evitamos cair nas armadilhas da tentação.

Em contrapartida, perceba José, ele não reprimiu o desejo, nem o negou; pelo contrário, ele reconheceu sua incapacidade de lidar com aquela situação. Isso mostra um conhecimento profundo de si mesmo: ele não subestimou o poder da tentação, nem confiou demais em sua própria força, em vez disso, ele escolheu a prudência, optando por escapar da situação.

Fugir é o ato de escapar ou se afastar rapidamente de um perigo ou ameaça. Diante de qualquer situação que se apresenta com uma aparência clara de problema, ao invés de sermos instigados pela curiosidade a explorar o perigo, precisamos aprender a escapar.

Assim que os tiraram da cidade, um dos anjos recomendou a Ló: "Livra-te! Salva a tua vida depressa; não olhes para trás, nem pares em nenhum lugar durante tua jornada pela planície! Foge para a montanha, a fim de não pereceres com os demais!". (Gênesis 19:17)

Essa foi a ordem do anjo para Ló. O anjo não apenas pediu a Ló para fugir, mas também deu instruções específicas: não olhar para trás e não parar na campina. Esses detalhes são significativos. Olhar para trás simboliza a tentação de revisitar o passado, estimulando-nos a reconsiderar a decisão e nos colocando em perigo. Parar na campina representa hesitação, parar no meio do caminho.

Quando não conseguimos seguir fielmente as instruções, muitas vezes alegamos que a tentação foi irresistível, como se não tivéssemos a capacidade de dizer não. Essa é uma mentira que contamos a nós mesmos, pois o Senhor é justo e, embora o inimigo seja astuto, Deus não permite que sejamos tentados além do que podemos suportar.

Não vos sobreveio tentação que não fosse comum aos seres humanos. Mas Deus é fiel e não permitirá que sejais tentados além do que podeis resistir. Pelo contrário, juntamente com a tentação, proverá um livramento para que a possais suportar (I Coríntios 10:13).

José enfrentou uma série de eventos traumáticos ao longo de sua vida. Sua identidade e suas qualidades muitas vezes pareciam mais um fardo do que virtudes, levando-o às lágrimas amargas. O sofrimento nos transforma, especialmente quando é causado por aspectos de nossa própria personalidade. Mas isso não aconteceu com José.

Entretanto, Ele me declarou: "A minha graça te é suficiente, pois o meu poder se aperfeiçoa na fraqueza". Sendo assim, de boa vontade me gloriarei nas minhas fraquezas, a fim de que o poder de Cristo repouse sobre mim. (II Coríntios 12:9)

Jacó, pai de José, conhecido por suas artimanhas e manipulações desde o início de sua vida, enganou seu irmão Esaú, comprando-lhe o direito de primogenitura por um prato de lentilhas, e depois enganou seu pai, Isaque, para obter a bênção da primogenitura. Por causa desses enganos, Jacó foi forçado a fugir para evitar a fúria de seu irmão.

Durante os anos em que esteve longe de casa, Jacó trabalhou para seu tio Labão, um homem astuto e enganador. Enquanto estava sob o emprego de Labão, Jacó se apaixonou pela filha mais nova, Raquel, e concordou em trabalhar por sete anos em troca de sua mão em casamento. No entanto, Labão o enganou, dando-lhe sua filha mais velha, Lia, em vez de Raquel. Esse episódio foi apenas um dos muitos em que Labão agiu de forma manipuladora, tornando a relação de Jacó com ele complicada e marcada por conflitos.

Independentemente de onde estamos ou para onde vamos, as questões não resolvidas permanecem conosco. Podemos tentar fugir de nossos problemas, buscar novas oportunidades e mudar de ambiente, mas as pendências emocionais e espirituais que carregamos nos acompanham. Por mais que tentemos escapar delas, eventualmente precisamos enfrentá-las e resolvê-las.

Após anos distante de sua terra e de sua família, Jacó tomou a decisão de confrontar seu passado e reconciliar-se com seu irmão, Esaú. Antes desse encontro crucial, porém, ele sabia que precisava encontrar-se com Deus. Nenhuma cura é possível sem Cristo.

Na noite anterior ao encontro com Esaú, Jacó lutou com um homem misterioso até o amanhecer. Esse encontro é amplamente interpretado como um encontro divino. Durante a luta, Jacó se recusou a soltar o Anjo até receber a bênção. Movido pela pulsão à verdade, Jacó decidiu que não aceitaria mais viver no engano, mesmo que isso implicasse dor e desconforto.

Então Ele declarou: "Deixai-me ir, pois já rompeu o dia!" Contudo, Jacó lhe rogou: "Eu não te deixarei partir, a não ser que me abençoes!" (Gênesis 32:26)

Jacó era adaptável; sempre encontrava uma maneira de se beneficiar em cada situação. No entanto, essa característica positiva, quando usada em excesso, pode distorcer até mesmo a própria identidade. Na busca por resultados vantajosos, alguém pode se transformar em algo que não era destinado a ser.

José enfrentou diversos desafios e sempre permaneceu fiel à promessa que Deus lhe fez em um sonho quando ainda era menino. Ele aprendeu a ser flexível; essa habilidade permitiu-lhe gerenciar as mudanças sem comprometer sua identidade.

Jacó também tinha uma promessa feita por Deus desde o seu nascimento. No entanto, ao longo de sua vida, a ânsia por viver essa promessa o levou a buscar caminhos por meios questionáveis, que aos seus olhos pareciam conduzi-lo ao cumprimento de seu destino.

Quando o anjo toca na junta da coxa de Jacó, desconjuntando sua coxa, isso simboliza uma transformação profunda. O Senhor escolheu desfazer o Jacó moldado pela iniquidade para criar um novo homem à Sua imagem. Isso nos faz lembrar da oração de Davi, "cria em mim um coração novo", pois para fazer algo novo sobre o que já existe, é necessário primeiro demolir o que está presente.

Então o homem orientou-o: "Não te chamarás mais Jacó, mas, sim, Israel, porquanto como príncipe lutaste com Deus e com os seres humanos e prevaleceste!". (Gênesis 32:28)

Deus fez Jacó entender que ele possuía qualidades valiosas, mas que as havia utilizado de maneira equivocada ao longo de sua vida. Desde o ventre de sua mãe, Jacó lutava, buscando a bênção da primogenitura, enquanto Esaú não a valorizava. Jacó sempre demonstrou coragem e determinação inabaláveis, no entanto, uma avidez intensa o dominou – uma ânsia profunda pela bênção –, levando-o a agir impulsivamente e por conta própria, impedindo-o de confiar plenamente em Deus.

Mas agora Deus escolheu aquele encontro para transformá-lo. Jacó não seria mais aquele que segura pelo calcanhar, que apesar de todo esforço sempre chega em segundo lugar. Ele se tornaria Israel, aquele que prevalece com Deus.

A palavra "Jacó" deriva do hebraico "Ya'aqov", que significa "aquele que segura pelo calcanhar" ou "aquele que suplanta". Enquanto "Israel" (*Yisra'el*) é tradicionalmente interpretado como "aquele que luta com Deus" ou "aquele que prevalece com Deus".

Lutar com Deus é reconhecer a importância de fazer a nossa parte enquanto confiamos na parte que pertence a Ele. Deus não chama os preguiçosos que delegam toda a responsabilidade a Ele, nem espera que sejamos arrogantes ao ponto de pensar que podemos realizar tudo sozinhos. Reconhecer nossas limitações e a necessidade da intervenção divina é essencial.

O Senhor diz: "Abandone o estereótipo de enganador. Hoje, eu mudo seu nome e proclamo que eu prevaleço em sua vida. Você não precisará mais implorar para ser abençoado; Eu te abençoo para sempre. Você não será mais colocado em segundo lugar, pois Eu te concederei acesso ao que é seu por direito."

Aquela batalha foi decisiva e estratégica; a mudança de nome não foi apenas simbólica, mas fundamental para uma transformação identitária completa.

Ao refletirmos sobre estereótipos, podemos buscar identificar aqueles que, consciente ou inconscientemente, moldam nossas ações e percepções. Esses estereótipos, quando não são reconhecidos e enfrentados, continuam a influenciar nosso comportamento de maneiras que nem sempre percebemos. É fundamental identificá-los para superá-los. Alguns exemplos desses estereótipos são:

Perfeccionista: Alguém que sente que nada nunca está suficientemente bom, sempre buscando a perfeição e frequentemente se comparando com padrões elevados ou com os outros em um nível superior. Como resultado, essa pessoa muitas vezes não consegue avançar em nada, pois vive em busca da ilusão enganosa de um ideal inatingível.

Acredita que deve fazer tudo sozinho, sem recorrer à ajuda de outros, e, às vezes, nem mesmo a Deus. Essa crença pode ser impulsionada por um desejo de controle total sobre os resultados, medo de depender dos outros, mostrar fraqueza ou uma profunda necessidade de provar sua própria capacidade e valor. Muitas vezes, esses sentimentos são estimulados pelo orgulho, que leva a pessoa a evitar qualquer forma de apoio ou colaboração, mesmo quando isso poderia ser benéfico.

Impostor: Sente que não merece suas conquistas e vive com o medo constante de ser descoberto como uma fraude. A pessoa com síndrome do impostor frequentemente minimiza suas realizações, atribuindo-as a fatores externos como sorte, ajuda de terceiros ou circunstâncias favoráveis, em vez de reconhecer seu próprio esforço e habilidades.

Workaholic: Constantemente sobrecarregado de trabalho, acreditando que o valor pessoal está diretamente ligado à produtividade.

Pessimista: Sempre esperando o pior, com dificuldade em ver o lado positivo das situações. Essa visão negativa pode fazer com que a pessoa antecipe falhas e problemas, mesmo quando não há evidências concretas para essas expectativas. O pessimismo frequentemente se manifesta como uma tendência a focar nos desafios e nas possíveis consequências adversas, enquanto desconsidera ou minimiza as oportunidades e os aspectos positivos.

Dependente: Sente-se incapaz de tomar decisões ou agir sem a aprovação ou apoio de outros. Essa dependência pode se manifestar como uma necessidade constante de validação e orientação externa, levando a uma dificuldade em confiar em seu próprio julgamento e habilidades. A pessoa dependente frequentemente busca a aprovação alheia para se sentir segura em suas escolhas e ações, temendo a rejeição ou o erro.

Inseguro: Duvida constantemente de suas próprias capacidades e valor. Ao olhar para trás, não consegue enxergar suas vitórias, o que frequentemente o leva a sentir desesperança em relação ao futuro.

Vítima: Acredita que sempre é injustiçado pelas circunstâncias ou pelas pessoas ao seu redor. Essa perspectiva pode levar a um sentimento constante de ser tratado de forma injusta ou desfavorável, frequentemente atribuindo os problemas e desafios da vida a fatores externos. O vitimista tende a perceber as dificuldades como resultado de uma conspiração contra si.

Competitivo: Busca constantemente superar os outros e alcançar o status superior, muitas vezes se comparando e se sentindo insatisfeito com suas próprias conquistas.

Consumista: Tendência de buscar satisfação e identidade mediante a aquisição constante de bens e serviços. O consumista frequentemente sente um impulso constante para comprar novos produtos, buscar tendências e acumular posses, acreditando que essas aquisições irão proporcionar felicidade, status social ou uma sensação de realização.

Sedutor: Tendência de buscar validação e identidade por meio da conquista constante de atenção e desejo alheios. O sedutor frequentemente sente uma necessidade incessante de atrair, encantar e manipular os outros, acreditando que esses jogos de conquista irão proporcionar satisfação emocional, poder sobre os relacionamentos ou uma sensação de valor pessoal.

Enquanto não confrontarmos os estereótipos que carregamos, estaremos aprisionados em uma vida de escravidão, buscando incessantemente satisfazer as demandas insatisfeitas da nossa alma. Somente ao aceitarmos o confronto com essas questões e lutarmos pela bênção da transformação é que podemos alcançar uma vida verdadeiramente autêntica e plena. Essas marcas, se não identificadas, têm o poder de destruir relacionamentos importantes e prejudicar nossa interação com os outros, conosco e até mesmo com Deus.

Como nossas experiências são compartilhadas com quem amamos, imagino Jacó compartilhando essas vivências com José, seu filho querido. Nesses relatos ele não apenas transmitia a narrativa de suas lutas e transformação pessoal, mas também os ensinamentos profundos sobre fé, perseverança e a importância de confiar na providência divina. Jacó pode ter contado a José as consequências das suas próprias fraquezas e erros, mas também como foi transformadora a intervenção de Deus, e como isso moldou não apenas sua vida, mas também o destino da família.

Eu me recordo das histórias que meu pai me contava desde a sua infância, muitas delas ouvi dezenas de vezes. Acredito que um acontecimento como esse não passaria despercebido durante a mesa do jantar. Essas histórias não eram apenas momentos de conexão pessoal e espiritual entre pai e filho, mas também transmitiam ensinamentos sagrados e as promessas de Deus para as gerações futuras.

José, ao longo de sua história, mesmo com tanto desfortúnio permanece fiel, sua identidade não é alterada e sua fidelidade é reconhecida. Ele saiu do calabouço para interpretar o sonho de Faraó, e ao demonstrar sua habilidade, ele se mostrou como a única pessoa capaz de ocupar o cargo de governador. Assim, sua ascensão de escravo a governador se tornou a promoção mais rápida da história.

Com frequência, nos vemos limitados por rótulos e fracassos, sem perceber os talentos e habilidades intrínsecos que foram depositados em nós. É como se negligenciássemos o colar precioso que nos foi entregue pelo Noivo.

Curiosamente, as pessoas que mais enfrentaram desafios em suas vidas muitas vezes se enxergam como as mais fracas e desfavorecidas, quando, na verdade, são as mais resilientes e fortes. Às vezes, as dores que enfrentamos nos cegam para o valor precioso que possuímos, e essas dracmas perdidas acabam escapando de nossa percepção ao longo do caminho.

Para mudar essa perspectiva é fundamental reconhecer a verdadeira identidade. Somos filhos amados, criados à imagem e semelhança de Deus, e Ele nos dotou com qualidades únicas desde nossa formação. Compreender essa verdade nos dá um profundo senso de valor e propósito.

Graças te dou pela maneira extraordinária como fui criado! Pois tu és tremendo e maravilhoso! Sim, minha alma o sabe muito bem. (Salmo 139:14)

A marca física deixada pelo toque do anjo ultrapassou a natureza de cicatriz; tornou-se um símbolo poderoso de transformação. Jacó, agora coxeando, enfrentaria seu irmão como alguém vulnerável, mas profundamente transformado pela graça divina.

Por esse motivo, por amor de Cristo, posso ser feliz nas fraquezas, nas ofensas, nas necessidades, nas perseguições, nas angústias. Porquanto, quando estou enfraquecido é que sou forte! (2 Coríntios 12:10)

Deus é o amor incondicional e a bondade divina estendida a nós, mesmo sem merecermos. As marcas que carregamos ao longo de nossa história não nos diminuem; não foram deixadas para nos depreciar. São, na verdade, como lembretes que nos oferecem a oportunidade de nos gloriar em nossas fraquezas. Essas marcas deixam claro para o inimigo que não se trata de nós, mas sempre d'Ele – um Deus que persiste em nos amar incondicionalmente, independentemente de quem somos.

A dracma da inocência perdida no Jardim nos tornou seres incompletos, incapazes de alcançar a perfeição. No entanto, essa dracma foi recuperada por Jesus Cristo, que viveu de forma incorruptível na terra. Por meio d'Ele, mesmo marcados por nossas imperfeições, somos restaurados.

CAPÍTULO 5

ONDE ESTÁS?

> *Naquele dia, quando soprava a brisa vespertina, o homem e sua mulher ouviram o som da movimentação de Yahweh Deus, que estava passeando pelo jardim, e procuraram esconder-se da presença do SENHOR, entre as árvores do jardim. Mas o SENHOR Deus convocou o homem, indagando: "Onde é que estás?"*
> *(Gênesis 3:8-9)*

Há uma distinção entre perder algo e perder a si mesmo. Por exemplo, a mulher que perde uma das dez dracmas dentro de casa, mesmo sendo uma tarefa árdua sabe onde procurar. Em contraste, a ovelha que se perde do aprisco está completamente desorientada e não consegue se redirecionar sozinha, sendo necessária a intervenção do pastor. O que colabora para a localização da ovelha é que possuem uma memória auditiva excepcional. Estudos mostram que elas podem reconhecer e lembrar a voz de seu pastor por anos.

A comunicação entre Deus e o homem é semelhante. Não está limitada pelo tempo ou pelo espaço físico. Somos capazes de ouvir a voz do nosso Criador, independentemente de onde estamos, de quanto tempo estivemos afastados ou dos esforços que fazemos para nos esconder.

Para onde poderia eu fugir do teu Espírito? Para onde poderia correr e escapar da tua presença? Se eu escalar o céu, aí estás; se me lançar sobre o leito da mais profunda sepultura, igualmente aí estás. *Se eu me apossar das asas da alvorada e for morar nos confins do mar, também aí tua mão me conduz, tua destra me ampara.* (Salmo 139:7-10)

No Salmo 139, Davi nos leva a refletir sobre a presença constante e onipresente de Deus. Ele começa declarando que o Senhor o procura e o conhece intimamente. Davi explora até os lugares mais extremos onde poderia se esconder do Senhor, mas conclui que é impossível escapar da presença divina, pois Deus está em toda parte.

Mesmo sabendo disso, às vezes nos sentimos compelidos a adotar atitudes de fuga por diversas razões, como o medo, uma emoção intensa de apreensão diante de uma ameaça percebida; a vergonha, que surge do desconforto pela percepção de ter feito algo errado; a culpa, que é o remorso por transgressões cometidas; e a resistência, a recusa em enfrentar o que precisa ser feito.

Essas fugas podem ser entendidas como mecanismos de defesa, estratégias automáticas que nosso cérebro utiliza para evitar confrontar a verdade em situações estressantes ou emocionalmente conflituosas.

Quando enfrentamos o medo, é comum negarmos a existência da ameaça, como se ignorá-la pudesse fazê-la desaparecer. Por exemplo, alguém pode minimizar a gravidade de uma doença diagnosticada, fingindo que não é séria para se proteger do medo e da ansiedade associados.

Projetar sentimentos indesejados ocorre quando atribuímos a outras pessoas nossos próprios pensamentos ou desejos considerados inaceitáveis. Outro exemplo, imagine alguém que se sente inseguro em relação ao seu desempenho no trabalho. Essa pessoa pode projetar essa insegurança, interpretando as críticas construtivas de um colega como um sinal de desaprovação ou hostilidade, mesmo que não seja esse o caso.

Justificar erros é uma forma de racionalização, onde encontramos explicações lógicas para comportamentos ou decisões questionáveis. Alguém pode justificar comportamentos desonestos no trabalho dizendo que todos o fazem ou que foi necessário para alcançar um objetivo maior.

Redirecionar emoções envolve deslocar sentimentos intensos de uma situação para outra menos ameaçadora. É possível estar chateado com o chefe e redirecionar essa raiva para um membro da família, sem perceber que está deslocando sua frustração de uma área da vida para outra.

Esses mecanismos automáticos de proteção emocional são adaptativos até certo ponto, pois ajudam a aliviar temporariamente o desconforto emocional e a lidar com situações difíceis sem nos sentirmos completamente sobrecarregados. No entanto, é importante reconhecer quando esses mecanismos se tornam padrões habituais ou excessivos, pois podem dificultar o enfrentamento saudável das emoções e a resolução eficaz de problemas.

Davi percebe, não importa o quão longe tentemos nos esconder ou os mecanismos que usemos para nos proteger, Deus conhece nossos pensamentos mais profundos e está sempre presente para nos ajudar a lidar com cada um deles.

No capítulo 3, versículo 1, inicia-se o diálogo entre Eva e a serpente. A serpente, com intenção deliberada, começa a conversa com uma pergunta: *Foi isso mesmo que Deus disse: "Não comam de nenhum fruto das árvores do jardim"?* A intenção da serpente era conduzir a mente de Eva a uma linha de raciocínio que a levasse a sentir uma sensação de privação, sugerindo que algo importante estava sendo negado a ela.

As sugestões estão por toda parte, constantemente nos dizendo que precisamos de mais, que nos falta algo, que podemos ser diferentes. Esses estímulos são liberados cada vez mais intensamente. A blindagem de nossa mente é o que impedirá que as setas inflamadas do inimigo nos alcancem.

Já notou como seus pensamentos são sutilmente conduzidos, e sem perceber, você começa a desejar coisas que nunca foram atraentes para você? É como se sua mente se conectasse a um fio, e esse fio te conduzisse a um caminho destrutivo.

Eva respondeu: *"Podemos comer dos frutos de todas as árvores, exceto de uma; não podemos nem tocar nela."* Essa resposta revela como tendemos a exagerar nas restrições, acrescentando proibições além do que foi dito, a ordem de Deus para Adão era apenas não comer, Eva amplificou essa restrição ao incluir também o ato de tocar. Em seguida, ela enfatizou as consequências de violar essas regras, *"para que não morrais".*

Agora vem o jogo da sedução, parafraseando: "Morrer? Claro que não!", diz o serpente. "O ganho que você terá é imensurável, te colocará no mesmo patamar de Deus, conhecedor do bem e do mal".

E a partir daí, o olhar de Eva para a árvore mudou. O que antes era apenas mais uma entre tantas, tornou-se irresistivelmente atrativo e irrecusável.

Ao ceder à tentação e comer o fruto proibido, se depararam com o conhecimento do mal a partir de uma mentira. Óbvio que não estavam preparados para lidar com as consequências, pois a promessa feita era enganosa, e não tinham estrutura para lidar com esse conhecimento, o que resultou em estresse pós-traumático.

O estresse pós-traumático é quando uma pessoa sofre emocionalmente após ser exposta a uma experiência dolorosa demais. Esse trauma pode levar a um lugar emocional que a impede de enfrentar a verdade de frente.

Ainda hoje, existe uma árvore proibida em cada jardim da vida. Ela está ali, bonita e chamativa, mas não recomendada. Podemos conviver bem com ela, desde que não comamos seus frutos.

Você pode estar pensando: "Hoje não existe apenas uma árvore proibida; são várias, tantas são as tentações que nos cercam". E, de certa forma, essa afirmação está correta. Contudo, o que não podemos desconsiderar é que cada um de nós é atraído de maneira especial por algo específico. Não é tudo que nos atrai, mas sim uma árvore em particular. Precisamos identificar a "árvore" que pode nos levar à queda.

O jogo de sedução continua o mesmo: "o" serpente nos induz a acreditar que se ultrapassar os limites estabelecidos nos levará a um patamar de ganhos inimaginável, enquanto permanecer dentro desses limites resultará em perda. Ele insiste em nos convencer de que o que possuímos é insuficiente e que podemos ter e ser mais do que temos.

A ilusão de um caminho seguro nos seduz, mas, ao cedermos à tentação, nos vemos aprisionados em um labirinto. Na tentativa de nos encontrar, acabamos nos perdendo ainda mais, sem saber como escapar.

O "não" de Deus não é uma mera proibição por capricho divino, mas sim um ato de amor e proteção. Deus advertiu a Adão, dizendo para não comer, pois isso resultaria em perdas irreparáveis.

A sedução tem o objetivo de alterar nossa percepção de uma situação, desconsiderando as orientações de Deus, despertando um desejo por algo que antes nem era uma opção. Manipula nossas emoções até o ponto em que parece que não somos mais capazes de resistir.

Eva comeu e deu também a Adão, e então seus olhos se abriram, mas se abriram para o ermo, a percepção que lhes veio foi de desolação. Eles passaram a ver a realidade a partir da própria vulnerabilidade, lançando-os em um mundo de incertezas e dores, os deixando completamente perdidos.

Podemos nos identificar com momentos em que nos sentimos nus e expostos diante de nossas fraquezas e pecados, resultado de nossas escolhas, procurando nos esconder por vergonha, ocultando-nos atrás de máscaras e defesas, evitando encarar aspectos de nós mesmos. Traumatizados, decepcionados e frutados ao descobrir que tudo que acreditamos não se passou de uma mentira e falsas promessas.

Talvez você conheça alguém que abandonou algo sólido por causa de uma sedução baseada na promessa de algo melhor do que possuía. No final, após perder tudo o que tinha, percebeu que a promessa não passava de uma falsa ilusão.

A voz do Pastor ecoa, e ao ouvir seu som, o coração pulsa em ritmo descompassado. "Adão, onde estás?" Essa pergunta desafia a deixar o esconderijo. Imagino a força da voz como um vento, balançando as folhas de figueira que usaram para encobrir sua fraqueza.

"Onde você está?" Chega um momento em que precisamos abrir os olhos para enxergar onde estamos. É comum alguém tentar se esconder em lugar geográfico por vergonha e culpa por ter perdido algo precioso.

Mesmo com o passar dos anos, alguém pode permanecer preso ou escondido em um lugar emocional. A prisão emocional não é limitada pelo tempo; ela pode se estender por décadas, mantendo a pessoa enraizada em uma situação específica. Por exemplo, alguém pode estar emocionalmente atado a um momento de perda, traição ou abandono, incapaz de seguir em frente.

O diálogo cíclico permanece: sinto-me imerso na culpa e na vergonha, lutando para encontrar a coragem de admitir minha falha.

Como pude ignorar o óbvio, deixando-me seduzir por uma ilusão tão trivial? É desolador admitir o fato de que me deixei enredar por promessas vazias, desprovidas de qualquer substância real.

A mente pode continuar revisitando velhas lembranças, impedindo o crescimento e a cura. É como se estivesse congelada no passado, incapaz de se libertar para viver o agora. O exemplo clássico da mulher de Ló ilustra bem esse ponto. A ordem era não olhar para trás, mas ela não resistiu à tentação e ficou presa pelo apego ao que lhe foi ordenado abandonar, incapaz de romper os laços e seguir adiante. Seu olhar nostálgico transformou-a em uma estátua de sal, paralisada para sempre em um momento que já passou.

Conscientizando-se de que ali a felicidade não existe mais, percebem que não adianta continuar lá. Não era o lugar que os fazia felizes, mas a confiança, o relacionamento – e isso foi perdido. Permanecer escondido no Éden não trará de volta o que perderam. É necessário sair, encarar as consequências e amadurecer.

Quando eu era criança, pensava como menino, sentia e falava como menino. Quando cheguei à idade adulta deixei para trás as atitudes próprias das crianças. (I Coríntios 13:11)

Todo ser humano precisa amadurecer integralmente, mas nem sempre é assim. O amadurecimento integral envolve o desenvolvimento emocional, intelectual, social e espiritual. Idealmente, esses aspectos se desenvolvem de maneira harmoniosa, permitindo que o indivíduo lide com os desafios da vida de forma equilibrada e saudável.

É comum um adulto permanecer emocionalmente escondido na sua infância, carregando expectativas irrealistas que deformam sua visão interna e externa. Um homem pode sentir-se adulto e decidir construir uma família, mas ainda esperar de sua esposa atitudes maternas, influenciado pela relação que teve com sua mãe. Ele pode buscar a mesma atenção, cuidado e validação que recebeu na infância ou reagir de maneira oposta, evitando qualquer semelhança devido a traumas não resolvidos.

Da mesma forma, uma mulher pode achar-se pronta para assumir um relacionamento, mas carregar para essa vida adulta uma visão infantilizada ou as mesmas expectativas das figuras parentais que a criaram. Ela pode projetar em seu parceiro expectativas que refletem a relação que teve com seu pai, buscando segurança e amor, ou enfrentar dificuldades em confiar devido a experiências negativas.

Um adulto pode, em suas relações sociais, falar, pensar, sentir e agir como menino, pois, em algum momento do passado, parte de si não conseguiu se desenvolver.

Alguém pode aceitar permanecer sob as correntes de um opressor implacável por vergonha de reconhecer suas escolhas, carregando um fardo, sufocando sua voz e sua dor.

Outros podem se encontrar em uma fase de sua vida que foi abruptamente interrompida, como o término de algo importante que parecia carregar toda sua esperança e/ou felicidade. Ainda, há quem se veja escondido por medo de sofrer uma nova decepção.

Algumas pessoas passam a vida escondidas atrás de um luto, incapazes de aceitar desfrutar a vida novamente. É como se tivessem sido enterradas junto com seu ente querido, recusando-se a ser consoladas e a enxergar as possibilidades do presente, como se estivessem traindo a história que viveram.

Essas experiências nos ancoram no passado, impedindo-nos de viver o presente. Ficamos presos em tempos e lugares que já passaram, incapazes de nos sentirmos vivos onde deveríamos estar. É necessário sermos encontrados e entregues a nós mesmos.

Era habitual para Adão se encontrar com Deus diariamente no jardim, desfrutando de uma comunhão íntima, porém, naquele dia algo estava diferente. Deus caminhou pelo jardim em busca de Adão, mas não o encontrou disponível para se relacionar.

Na parábola da ovelha perdida, Jesus ilustra a profunda incapacidade da ovelha de retornar por conta própria, ressaltando a necessidade vital da intervenção do pastor. A ovelha, é atraída pela voz familiar do pastor, e é através desse chamado que se torna possível o encontro. Essa conexão serve como um lembrete poderoso de que, em meio à nossa própria perda, podemos encontrar um caminho de volta, guiados pela voz Daquele que nos conhece profundamente e sabe onde nos encontrar.

Geralmente, quando encontrada pelo pastor, a ovelha está em estado machucado, ferida, suja e infestada de ectoparasitas, exigindo cuidados especiais. O pastor demonstra amor pela ovelha em não castigar, mas sim recebê-la de volta com alegria e dedicar tempo para cuidar dela.

E assim que a encontra, coloca-a por sobre os ombros cheio de júbilo. (Lucas 15:5)

Se uma experiência negativa apenas nos faz perder algo, ainda somos capazes de buscar o que foi perdido, mas quando estamos desorientados, nos afastamos cada vez mais do lugar onde deveríamos estar e, diante do aparente perigo, nos escondemos, acuados.

Uma pessoa desorientada muitas vezes não percebe sua própria condição, mesmo que suas ações a denunciem. Ela precisa ser estimulada ao raciocínio; somente assim conseguirá confessar o que sente e relatar o que a levou a esse estado.

Assim que ouviu que era Jesus de Nazaré, começou a gritar: "Jesus! Filho de Davi, tem misericórdia de mim!". Muitos o advertiam severamente para que se calasse, contudo ele gritava ainda mais: "Filho de Davi! Tem compaixão de mim!". Foi então que Jesus parou e pediu: "Chamai-o!" E assim foram chamar o cego: "Ânimo, homem! Levanta-te, Ele te chama". (Marcos 10:47-49)

Bartimeu não queria mais se esconder, ao invés disso ele gritava cada vez mais alto, a intenção era sim chamar a atenção de Jesus, indicando sua localização. Ao notá-lo, a ordem do Senhor foi clara: *"Venha até mim"*. Ele lançou sua capa, deu um salto e, com determinação, pôs-se de pé, dirigindo-se rapidamente em direção a Jesus, que lhe pergunta: *"O que queres que eu te faça?"* – essa pergunta oferece a oportunidade de pedir qualquer coisa, no entanto a verdadeira vida só pode ser alcançada pela visão.

A pergunta de Jesus pode parecer óbvia à primeira vista: é claro que o cego deseja enxergar, todo o enfermo deseja ser curado!

Será mesmo?

A cura demanda um esforço, pois é incômoda e desafiadora. A pergunta de Jesus não foi apenas uma indagação, mas um convite à introspecção sobre a disposição para encarar os obstáculos que vinham junto com a cura. É crucial não romantizar este milagre; ele exige coragem e determinação para superar as adversidades que surgem durante o processo.

A vida diariamente nos confronta com escolhas difíceis: enfrento o que me atormenta, lutando bravamente por avançar e romper, ou é melhor fechar os olhos e fugir para o lugar que parece familiar, ainda que isso signifique paralisia? Chamamos esse lugar familiar de zona de conforto, um lugar profundamente destrutivo, mas estranhamente acolhedor.

E por mais que reconheçamos a necessidade de avançar, romper, conquistar, frequentemente nos encontramos desmotivados e despreparados para lidar com as demandas do novo. Faltam-nos as ferramentas e habilidades necessárias para nos equilibrarmos nessas águas incertas, e assim muitos optam em retornar, andar sobre as águas parece loucura.

A recuperação da visão é desconfortável, especialmente após um longo período na escuridão; especialistas afirmam que a adaptação à luz para quem estava na escuridão pode ser perturbadora e pode causar sintomas colaterais extremamente desesperadores. Orientar-se na presença da luz é um dos maiores desafios para aqueles que passaram toda a vida na escuridão.

A evidência disso está ao nosso redor: quantas pessoas conhecemos, incluindo a nós mesmos, que interromperam o movimento de cura? Desistiram de si mesmas, abriram mão da família, dos sonhos, das promessas, porque seguir em frente era doloroso demais. Optaram por atrofiar a esperança, perdendo a capacidade de andar, enxergar e reagir. Decidiram continuar aprisionadas em ciclos repetitivos e destrutivos, enfrentando os mesmos desafios, porque se sentiram incapazes de mudar.

Bartimeu estava disposto, sua reação demonstra isso. Quando Jesus pergunta, ele não hesita em responder: QUE EU RECEBA A MINHA VISÃO.

Visão transcende a mera capacidade física de enxergar. Trata-se de uma percepção mais profunda, uma clareza de propósito e direção. A visão permite que uma pessoa veja além das circunstâncias imediatas, capturando a essência de quem é e do que pode se tornar. Ela ilumina o caminho, proporcionando um senso de orientação e significado.

Quem tem visão possui uma perspectiva que vai além do presente, capaz de perceber possibilidades e oportunidades, mesmo em meio a desafios e adversidades. É a capacidade de visualizar um futuro melhor e se comprometer com ele, guiando suas ações com determinação e esperança.

Na época, a capa de um cego tinha uma importância prática e simbólica, era uma peça de vestuário que servia como um recipiente para proteção climática e receber as esmolas, já que os cegos frequentemente dependiam da caridade pública para sobreviver. Ao jogar a capa para o lado, Bartimeu estava assumindo um compromisso de nunca mais voltar àquela condição de cegueira e dependência. Essa ação representa um ato de fé e determinação, indicando sua prontidão para uma transformação radical em sua vida.

Jesus disse: "*Tua fé te curou*", e, a partir desse momento, Bartimeu não olhou para o passado, nem buscou novas aventuras ou independência, ele escolheu seguir Jesus pelo caminho.

Para alguém que deseja ser encontrado, é essencial sinalizar sua localização atual, essa indicação vem por meio da conscientização. Conscientizar-se é o processo de tornar-se plenamente ciente de algo. Envolve perceber, reconhecer e entender aspectos da realidade interna ou externa de maneira clara e objetiva, popularmente conhecido como "cair em si". Na parábola do filho pródigo, em um momento, ele "cai em si" e percebe que o lugar que se encontra é inadequado. E diz: *Quantos empregados do meu pai têm comida com fartura, e eu aqui morrendo de fome!*

Naquele momento de clareza, ele verdadeiramente se arrependeu, compreendendo as consequências de suas ações e reconhecendo que não merecia mais ser considerado filho. Mesmo diante desse reconhecimento, ele percebeu que até mesmo a posição de servo na casa de seu pai seria mais digna do que a vida miserável que levava entre os porcos. O arrependimento verdadeiro implica recalcular a rota, buscando a direção certa.

Criar uma linha do tempo e identificar os desvios é uma oportunidade valiosa para corrigir a rota. É uma forma de lembrar onde caiu. Após essa identificação, o próximo passo é apresentar-se. Erguer-se, posicionar-se, agir como um adulto e parar de se esconder assustado como um menino.

CAPÍTULO 6

DESNUDANDO A ALMA

O homem declarou: "Ouvi o som do teu caminhar no jardim e, vendo que estava nu, tive receio; por essa razão me escondi!"
(Gênesis 3:10)

Tecnicamente, ele não estava mais nu. Isso representa que sua tentativa de resolver sozinho aquele grande problema não deu certo, e, então, ele é convidado a refletir sobre sua verdadeira condição.

Não dava mais para esconder. Chegou a hora de confessar. A confissão é um componente essencial do processo de transformação, pois libera emoções reprimidas, promove a autoconsciência e traz luz ao entendimento. Isso está relacionado ao poder da autoconsciência e da autorreflexão. Falar sobre nossos atos, pensamentos e experiências pode promover uma compreensão mais precisa da realidade, pois nos obriga a articular nossos pensamentos e sentimentos, o que pode ajudar a clarificar nossas percepções e a lidar melhor com desafios emocionais. Por outro lado, manter certos pensamentos sem expressá-los pode levar a distorções cognitivas e emocionais, já que não estamos confrontando diretamente nossas ideias e emoções com a realidade externa ou com outras pessoas.

Quando não confessamos, carregamos o fardo do erro, que cresce à medida que a mente reproduz mentiras a partir da nossa falha. Essas mentiras comprometem nossa visão, como uma fumaça obscurecendo a realidade. Ao expor, sentimos alívio, reorganizamos os pensamentos e essa fumaça do engano pouco a pouco se dissipa, permitindo-nos ver com clareza.

Existem dois tipos de confissão. O primeiro é a confissão a Deus, na qual admitimos que o caminho que escolhemos gerou morte, mas expressamos arrependimento e buscamos o perdão divino.

Em 1 João, capítulo 1, verso 9, está escrito: *Se confessarmos os nossos pecados, Ele é fiel e justo para nos perdoar todos os pecados e nos purificar de qualquer injustiça.*

O segundo tipo de confissão é o confessar a alguém, seguindo a recomendação de Tiago: *Portanto, confessai vossos pecados uns aos outros e orai uns pelos outros para serdes curados. A súplica de uma pessoa justa é muito poderosa e eficaz. (Tiago 5:16).* Essa segunda confissão não gera perdão, uma vez que somente o Senhor tem o poder de perdoar, mas gera plena conscientização e cura.

Deus procurou Adão para uma conversa, buscando conscientizá-lo, pois, sozinho, ele não conseguiria enfrentar suas próprias verdades e passaria a vida fugindo. Esse hábito de expor nossos pensamentos e sentimentos não se limita apenas a quando erramos. Ele também é essencial quando temos dúvidas, nos sentimos inseguros ou perdemos a clareza. A prática da confissão, do diálogo e da reflexão nos ajuda a dissipar os enganos da mente, trazendo luz e compreensão às nossas incertezas e medos.

Podemos ilustrar nosso coração como uma caixa, onde ao longo da vida depositamos uma infinidade de itens que representam sentimentos, intenções e percepções. Esses itens se acumulam, dificultando a organização e a análise profunda de cada um. Muitas vezes, acabamos guardando coisas das quais nem temos total consciência, tornando complemente inviável a sua organização.

Imagine agora que encontramos alguém disposto a nos ajudar a organizar o conteúdo dessa caixa, alguém que possa identificar e separar cada item. Conforme nos ajudam a organizar o conteúdo da nossa caixa interna, começamos a identificar o que de fato nela existe e reconhecer elementos quebrados, danificados, deformados ou que nem deveriam estar mais ali.

Após essa organização, ficará claro onde estão os pontos críticos que precisam de atenção imediata e aos poucos vamos reorganizando. Nessa fase, é fundamental se apresentar ao Espírito Santo, pedindo que Ele investigue detalhadamente cada aspecto de nossa vida. Somente Ele pode penetrar na essência de cada elemento, desembrulhando meticulosamente cada camada para examinar os componentes internos e discernir se a composição é harmoniosa ou discordante.

Existem pessoas que, como instrumentos de Deus, nos ajudam a organizar nosso interior, trazendo à consciência o que sozinhos não conseguimos identificar. Mas só o Espírito Santo vai além da superfície, revelando as verdadeiras motivações e sentimentos que muitas vezes permanecem ocultos. Com Sua ajuda, podemos alcançar uma compreensão mais profunda de nós mesmos e caminhar em direção à verdade.

Ao analisarmos a vida de Davi, encontramos exatamente esse padrão de funcionamento. Por si só, Davi não conseguiria se desnudar diante de Deus. Foi necessário o profeta Natã para organizar seus pensamentos e abrir seus olhos, só após o confronto, Davi recorre a Deus com uma oração de profundo arrependimento.

Existe um lugar na vida do ser humano ao qual ele recorre quando deseja se esconder, achando que nunca será descoberto. É um espaço íntimo e oculto, onde guardamos nossos segredos mais profundos, nossos medos mais obscuros e nossas fraquezas. Alimentamos a ilusão de que podemos viver sem ser descobertos e confrontados. Fortalecidos pela própria arrogância, seguimos sem olhar para esse lugar privado.

Davi cometeu uma falha gravíssima ao se deitar com Bate-Seba, a esposa de Urias, um de seus soldados mais leais. Quando descobriu que ela estava grávida, tentou encobrir seu pecado. Convocou Urias de volta do campo de batalha, na esperança de que ele passasse a noite com sua esposa e, assim, acreditasse ser o pai da criança. No entanto, Urias, movido por sua lealdade ao rei e aos companheiros de guerra, recusou-se a desfrutar do conforto de seu lar enquanto os demais soldados permaneciam em combate.

Diante dessa situação, Davi tomou medidas ainda mais drásticas para encobrir seu pecado. Ele escreveu uma carta a Joabe, seu comandante militar, instruindo-o a colocar Urias na linha de frente da batalha, em um local de intenso perigo, onde certamente seria morto. O mais trágico é que a própria carta contendo essa sentença de morte foi entregue por Urias, que, sem saber, carregou em suas mãos o instrumento de sua condenação.

Diante de situações de pressão e no esforço para evitar ser exposto, Davi pode ter se sentido compelido a caminhar em direção ao vale da sombra da morte. A princípio, ele pode ter pensado que a sentença de morte era para Urias, mas, ao enviar a carta, ele sentenciou seu próprio destino. Essa jornada obscura foi marcada pela ansiedade, pelo medo e pela sensação de estar cercado por ameaças. No vale da sombra da morte, as trevas pareciam envolver sua mente e seu coração, obscurecendo seu discernimento.

A forma como a mente de Davi trabalha diante dessa situação é, de fato, intrigante e complexa. Apesar de não nutrir ódio por Urias, Davi se viu numa encruzilhada. Foi impulsionado a tomar medidas extremas, algo geralmente associado a alguém dominado pelo ódio. Neste caso, vemos um homem dando ordens de morte para alguém que, possivelmente, ele valorizava e respeitava, mas estava desesperado para defender sua própria reputação e interesses pessoais.

Essa atitude de Davi revela as complicações da mente humana e nos leva a refletir sobre os limites e as consequências de nossas ações quando nos vemos expostos diante de dilemas morais. A história de Davi e Urias nos lembra que mesmo pessoas de caráter nobre podem sucumbir à pressão e agir de maneiras que contradizem suas convicções mais profundas.

Davi, um homem conhecido por sua devoção a Deus e por sua justiça, se viu preso em uma teia de mentiras e traições por causa de suas próprias fraquezas e desejos egoístas.

A ordem do rei foi cumprida: Urias foi colocado à frente da batalha e morreu. Davi então tomou Bate-Seba como sua esposa, tentando seguir adiante como se todo o problema tivesse sido resolvido.

Refleti diversas vezes sobre como Davi conseguiu seguir vivendo, carregando o peso de tamanha injustiça. Como lidar com algo tão devastador? Após muita introspecção, concluí que Davi, assim como eu e você, provavelmente recorreu a mecanismos de defesa para enfrentar seus erros. É possível que tenha minimizado a gravidade de seus atos ou suprimido suas emoções e remorsos, na tentativa de silenciar o clamor da consciência. Mergulhado em um estado de repressão, talvez tenha buscado normalizar a situação com gestos superficiais, enquanto lutava para reconciliar a imagem de um rei justo com a realidade de suas falhas. Contudo, essa repressão não eliminou a culpa nem as consequências de seus atos, apenas adiou o inevitável confronto com a verdade.

É fascinante como nos atraímos pela jornada do herói; muitas vezes nos identificamos mais com Davi, que matou Golias, do que com o Davi que cometeu o pecado de matar Urias. Há uma resistência natural em reconhecer nossos próprios pecados nos outros, mas a Bíblia, ao apresentar narrativas tão sinceras de falhas humanas, nos confronta diretamente com nossas próprias imperfeições. Ela atua como um espelho que reflete não apenas as grandezas da humanidade, mas também suas profundezas sombrias.

Também é útil avaliar que o tamanho do pecado frequentemente é proporcional ao tamanho do poder. O poder amplifica as capacidades de influência e ação, mas também aumenta drasticamente as consequências dos erros e decisões. A história de Davi começa com um ato aparentemente pequeno – observar Bate-Seba banhando-se –, mas rapidamente escala para adultério e, eventualmente, assassinato. Este episódio serve como um lembrete poderoso de que a vigilância deve ser constante, independentemente da posição que ocupamos.

Assim, aquele que julga estar firme, cuide-se para que não caia. (I Coríntios 10:12)

Nos tempos atuais, os escândalos envolvendo abuso de poder estão em evidência, revelando uma profunda crise ética em várias esferas da sociedade. As consequências do abuso são vastas e devastadoras. As vítimas carregam marcas duradouras, como traumas físicos, emocionais e psicológicos. A dor causada por esses abusos não se limita ao momento do ato, mas permeia a vida das vítimas, afetando relacionamentos e autoestima.

O abuso de poder se esconde frequentemente sob a justificativa de autoridade ou superioridade, distorcendo a liderança para impor sua vontade. Táticas de sedução e persuasão coercitiva são usadas para submeter a vítima, enfraquecendo sua autonomia e minando sua capacidade de resistência. No caso de Davi, não foi Bate-Seba quem o seduziu, mas sim seu poder que a possuiu, distorcendo o desejo em uma imposição. No contexto de desigualdade de poder, as vozes daqueles que são coagidos ou intimidados frequentemente se silenciam, enquanto aceitam condições que ferem sua dignidade e direitos fundamentais, aprisionando sua liberdade sob argumentos manipuladores.

A Bíblia não hesita em expor os pecados de figuras poderosas como Davi, demonstrando que Deus não apenas vê e se aborrece, mas também não tolera a injustiça. Ela revela que casos como esse nunca ficam encobertos aos olhos da justiça divina; o Senhor expõe todas as ações ocultas, garantindo que a verdade prevaleça e a justiça seja cumprida.

Davi tentou seguir em frente, escondendo suas falhas e esperando viver normalmente. No entanto, suas ações não passaram despercebidas aos olhos de Deus. O Senhor, que tudo vê, enviou o profeta Natã para confrontá-lo e expor seus pecados ocultos.

Os olhos do SENHOR estão em toda parte: Ele observa atentamente os maus e os bons! (Provérbios 15:3)

Ele não apenas vê tudo o que acontece, mas analisa as intenções por trás das ações de cada indivíduo. Essa consciência pode servir como um lembrete para vivermos com integridade e sabedoria, conscientes de que somos responsáveis perante o Senhor por nossas escolhas e comportamentos.

Yahweh enviou seu mensageiro Natã para falar a Davi. Assim que chegou à presença de Davi lhe propôs um dilema: "Numa cidade havia dois homens, um rico e outro pobre.

O rico possuía inúmeras ovelhas e grandes manadas. Entretanto o pobre nada tinha, senão uma única cordeirinha que havia comprado com muito custo. Ele cuidou dela com carinho, e ela cresceu com ele e com seus filhos. Ela se alimentava em sua companhia, bebia do seu copo e até adormecia em seus braços; e ele a considerava como carne de sua carne.

Certo dia um forasteiro chegou à residência do homem rico; mas este não quis lançar mão de uma de suas próprias ovelhas ou de seus muitos bois a fim de oferecer-lhe uma refeição. Em vez disso, tomou a cordeira que pertencia ao pobre e a serviu ao visitante!" (II Samuel 12:1-4)

A estratégia utilizada pelo profeta Natã é uma técnica poderosa, permite ao ouvinte identificar-se com a história apresentada antes de perceber que está sendo confrontado com sua própria situação ou pecado. Ao contar a parábola do homem rico e do homem pobre, Natã criou uma narrativa que apelava para os valores e o senso de justiça de Davi. Isso fez com que julgasse a situação e se indignasse com a injustiça cometida pelo homem rico, sem perceber inicialmente que estava condenando a si mesmo.

Ao ouvir essa história, Davi ficou enfurecido com a injustiça descrita e deu a sentença: *Este homem merece ser punido severamente por sua ação injusta!*

Somos passivos e complacentes com nossos erros, mas rápidos e inflexíveis com os erros dos outros. Queremos ser perdoados por nossas falhas, mas muitas vezes relutamos em perdoar os erros alheios.

Natã foi cirúrgico: *"Você é esse homem!"*

Ao cair em si, Davi foi tomado por um profundo choque de realidade e uma consciência aguda de seu próprio pecado. Ele foi confrontado com a gravidade de suas ações e imediatamente reconheceu sua culpa diante de Deus. A revelação da verdade desencadeou uma avalanche de emoções, incluindo arrependimento profundo, tristeza intensa e um peso de culpa esmagador.

A culpa é um dos sentimentos mais penetrantes que podemos experimentar após cometer um erro. Ela não apenas nos lembra da nossa responsabilidade sobre nossas ações, mas também reflete a violação dos nossos próprios padrões éticos, morais, sociais e principalmente espirituais. Quando percebemos que falhamos em viver de acordo com esses padrões, a culpa se manifesta como um peso emocional intenso, capaz de afetar profundamente nossa paz interior.

A culpa pode ser tão avassaladora que leva uma pessoa a se dissociar da situação e a se fragmentar emocionalmente. Esse estado de desconexão com a realidade e com suas próprias emoções pode resultar em comportamentos impulsivos, irracionais e até destrutivos. Privada da capacidade de avaliar adequadamente as consequências de suas ações, a pessoa se torna vulnerável às armadilhas de suas próprias fraquezas e impulsos.

A declaração de Deus a Davi, *"Eu te dei tudo e, se quisesse mais, eu te daria"*, revela a verdadeira natureza da sedução que levou Davi a pecar com Bate-Seba. Essa sedução não se limitava apenas ao desejo sexual ou à simples aquisição de mais uma esposa, pois Davi já tinha várias. Em vez disso, a tentação que o afetou foi mais sutil e profunda; foi a promessa do "serpente".

Davi foi seduzido pela tentação de ultrapassar limites, de possuir algo que não lhe pertencia, assumindo uma posição de poder que o colocava acima do bem e do mal. A sedução não se originou apenas da beleza física de Bate-Seba, mas principalmente do poder e privilégio que Davi possuía como rei. Ele se sentiu acima das restrições morais e éticas que governavam seu reino, acreditando que seu status lhe conferia o direito de satisfazer seus desejos sem consequências.

Essa sedução expõe a fragilidade humana diante do poder e como é fácil ser corrompido pela sensação de estar acima das regras que se aplicam aos outros. A história de Davi e Bate-Seba nos lembra que a verdadeira tentação muitas vezes se esconde nas sutilezas do orgulho e da autossuficiência, levando-nos a crer que somos imunes às consequências.

Então disse Davi a Natã: Pequei contra o Senhor.

Neste texto, compreendemos por que Davi é considerado um homem segundo o coração de Deus: ao cair em si, ele se rende, mostrando uma prontidão notável para se arrepender quando confrontado. Essa característica destaca sua sensibilidade espiritual e sua disposição para reconhecer seus erros diante de Deus e dos outros. Sua humildade e capacidade de arrependimento sincero são o que o diferenciam.

Deus não espera de nós perfeição, pois sabe que é algo impossível para nós enquanto estivermos neste mundo caído, mas o que o Senhor deseja é um coração contrito; este o Senhor não rejeita. Como está escrito no *Salmo 51:17: O verdadeiro e aceitável sacrifício ao Eterno é o coração contrito; um coração quebrantado e arrependido jamais será desprezado por Deus!*

Essa confissão de Davi foi carregada de dor e remorso pela morte de Urias, pela vergonha do adultério com Bate-Seba, pela destruição de uma família e pela consciência das consequências devastadoras que suas ações trouxeram não apenas para ele, mas para tantas outras pessoas. Além disso, Davi sentia profundamente a dor por ter pecado contra o seu Deus, o qual amava profundamente.

Algo interessante a ser observado é que, o próprio Deus deixou claro que aquilo que foi feito no secreto teria uma consequência pública. *"Tu agiste às ocultas, mas eu cumprirei tudo o que hoje vos anuncio perante a face de todo o Israel e à plena luz do dia!"* Davi confessou a Natã: *"Pequei contra Yahweh!"* Então Natã afirmou a Davi: *"Por sua parte, Yahweh perdoa o teu pecado: não morrerás! Mas, por teres ultrajado a Yahweh mediante tua atitude, o filho que tiveste morrerá!"*. (II Samuel 12:12-14)

Essa revelação divina ressalta a ideia de que toda atitude realizada longe dos olhos dos outros não passa despercebida aos olhos de Deus. Inevitavelmente, toda injustiça e pecado praticado em segredo, de uma forma ou de outra, se torna público. Ninguém é capaz de ocultar um pecado ao ponto de não ter um impacto perceptível.

Embora Davi tenha sido agraciado por Deus com bênçãos e privilégios abundantes, não esteve isento do falso brilho da tentação. O sentimento de poder o levou a ultrapassar os limites do que é ético e correto. Suas ações não foram impulsionadas por uma busca legítima por satisfação, mas sim pelo desejo ilusório de mais, mesmo que isso significasse transgredir até a morte. Assim como Adão, que tinha tudo à sua disposição, mas tudo se mostrou insuficiente.

Adão se escondeu, como se aquelas folhas pudessem proteger sua nudez. Em contraste, Davi ao ser questionado curvou-se perante à luz, reconhecendo sua culpa diante de Deus e dos homens.

"Compadece-te de mim, ó Deus, segundo a tua benignidade; apaga as minhas transgressões, segundo a multidão das tuas misericórdias." (Salmo 51:1)

Toda percepção que temos das circunstâncias pode estar enviesada por diversos fatores, pois nossa mente não trabalha apenas com a verdade, mas com interpretações. Essas interpretações são frequentemente contaminadas, como resultado, não conseguimos identificar nossos comprometimentos emocionais à primeira vista, pois eles estão muitas vezes ocultos por camadas que precisam ser removidas.

Há algum tempo, decidi enfrentar o desafio de realizar uma reforma na casa que desejava morar. Embora a estrutura já estivesse construída, ela havia passado por muitas mãos e permanecido fechada por um longo período. Consciente da necessidade de várias melhorias, incluindo demolições, decidi embarcar nessa empreitada.

Na construção, assim como em qualquer outro projeto, é crucial seguir um planejamento. A primeira etapa envolve a definição clara do que desejamos alcançar, em seguida, precisamos avaliar o preço que estamos dispostos a pagar, tanto em termos de esforço quanto financeiros, e depois é essencial estabelecer prazos realistas para alcançar nossos objetivos.

Quem já se envolveu em uma construção sabe que, por melhor que seja o planejamento inicial, ele nunca reflete com precisão o que a obra será de fato. Inevitavelmente, frustrações surgem no meio do caminho, os prazos raramente são cumpridos e o custo quase sempre excede o orçamento inicial.

Chegou um momento em que estava tão desgastada, os problemas surgiam com tanta frequência que tudo o que eu queria era acabar logo com tudo aquilo. Acabei me deixando levar pela ideia de que seria possível pular uma ou outra etapa do processo.

Por se tratar de uma reforma, tive a opção de reutilizar algumas coisas, embora em alguns casos isso não fosse ideal. Já tínhamos todo o sistema elétrico, mas naturalmente se desgastou com o tempo, e mesmo que a escolha mais sensata fosse substituí-lo por completo, optei por uma solução rápida: usei materiais de alta qualidade, mas apenas para uma parte da casa e negligenciei completamente a outra parte, pois não identifiquei nenhum problema aparente, tudo parecia funcionar bem.

Ninguém coloca remendo novo em roupa velha; porque o remendo força o tecido da roupa e o rasgo aumenta. (Mateus 9:16)

Minha decisão inicial parecia acertada, reduzi custo e investi esse valor na decoração. Por um ano tudo parecia estar funcionando "bem" e estava aparentemente lindo e perfeito. No entanto, existe uma regra e não conseguimos fugir dela: tudo o que é malfeito eventualmente precisará ser refeito.

A construção civil é regulamentada no Brasil pela Associação Brasileira de Normas Técnicas (ABNT), que tem como objetivo garantir a qualidade e segurança das construções, evitando assim que sejam erguidas estruturas frágeis e perigosas.

O profissional responsável por um projeto deve seguir rigorosamente as instruções e normas estabelecidas. O não cumprimento dessas diretrizes pode acarretar graves consequências, incluindo penalidades que variam desde multas e advertências até processos judiciais. Mesmo que um profissional seja altamente capacitado, não é aceitável que ele opte por ignorar as normas estabelecidas apenas por conveniência própria ou para agradar o cliente. Infelizmente, essa situação é mais comum do que deveria e foi exatamente o que aconteceu comigo: contratei um profissional para realizar o serviço, apresentei minha proposta e ele fez as adaptações de acordo com meus caprichos. Na pressa de economizar tempo e dinheiro, busquei uma solução que satisfizesse imediatamente meus desejos.

O teste do tempo separa o efêmero do duradouro, o superficial do substancial e o passageiro do eterno.

Lembro-me nitidamente daquela tarde fria, com a chuva fina lá fora embaçando as janelas e criando um ambiente sereno e aconchegante em casa. Tinha acabado de assar um bolo, planejando compartilhá-lo em um café da tarde com minhas irmãs. Tudo indicava que seria um dia calmo.

Decidi tomar um banho antes do café, pois tinha outros compromissos planejados para depois. Enquanto estava no banho, fui surpreendida por um barulho estranho vindo do lado de fora. Mesmo com o vidro embaçado do banheiro, percebi um clarão repentino. Um odor de queimado começou a se espalhar, e meu coração disparou. Em poucos instantes, o quadro elétrico estava envolto em chamas, transformando aquela tarde tranquila em um cenário de desespero.

O fogo se alastrou rapidamente, como se um pesadelo estivesse se desenrolando diante dos meus olhos. Uma sensação avassaladora de medo e impotência tomou conta de mim. Por sorte, eu não estava sozinha e conseguimos conter o fogo antes que causasse danos maiores. Tudo aconteceu tão rápido. De repente, o dia calmo se transformou no meu pior pesadelo.

Concorda comigo que é tolice usar a palavra de repente? De repente é um pensamento ilusório; atrás de toda destruição sempre vai existir um problema que não recebeu o devido tratamento no tempo oportuno.

O sistema elétrico parecia perfeito por fora, mas, dentro das paredes, a fiação antiga e danificada estava causando curtos-circuitos. Como vários utensílios elétricos foram usados simultaneamente, gerou-se uma sobrecarga, e a fiação não suportou a pressão, resultando em um incêndio. Esse problema latente poderia ter sido evitado se tivesse sido devidamente examinado no tempo oportuno.

Nossa vida é assim: vamos dando um jeitinho para conviver até com o que foi desgastado pelo tempo. Olhamos superficialmente para o que precisa ser consertado, mas recusamos uma investigação profunda, pois descobrir o que existe por trás das camadas exige tempo e esforço que, às vezes, não queremos assumir. Além das camadas que nos impedem de enxergar, temos o hábito de empurrar para debaixo do tapete tudo o que não queremos tratar. De alguma forma, fechamos os olhos e vamos dando um jeitinho, até que o "de repente" chega.

Quantas coisas preciosas na sua vida foram destruídas por não terem recebido tratamento correto no devido tempo?

A importância de alinharmos todas as áreas de nossas vidas com as regras do Reino de Deus e seguir suas instruções reside na prevenção da destruição. O Espírito Santo opera em nossas vidas, revelando e corrigindo os problemas que podem estar escondidos, antes que causem danos maiores.

Estabelecer as próprias regras, adotar normas infundadas é como se expor a um risco total, colocando em perigo tudo o que se valoriza e ama, inclusive a própria vida.

Por reconhecer nossa limitação, o Senhor nos deixou regras preestabelecidas que funcionam como diretrizes para uma construção sólida. Quando seguimos Sua orientação, somos bem-aventurados, mas, ao negligenciá-la, estamos assumindo a responsabilidade pelos danos causados.

Desde o berço, fui acolhida pela fé, e cresci dentro dos esconderijos da religião. Toda a minha vida foi dentro da igreja, eu sempre fui envolvida com os projetos e causas "nobres", ocupava cargos de liderança, sempre me disponibilizei a servir, tinha um coração voluntário e abençoador, meu prazer sempre foi assumir desafios a fim de ver o crescimento do próximo e honrar ao Senhor. Apesar disso, eu não conseguia desfrutar de todas as promessas de Deus. De tempos em tempos minha vida desmoronava; "de repente", aquela estrutura que aparentava solidez se mostrava frágil.

Eu me sentia angustiada pela recorrência dos problemas em minha vida, uma situação que muitas vezes me levava ao desespero. Apesar de buscar respostas, frequentemente o fazia de maneira inadequada e nos lugares errados. Como resultado, acabei passando uma parte significativa da minha vida à margem do caminho, tentando reparar as falhas em meu caráter, evitando processos cruciais e ignorando etapas importantes. Fazendo minhas próprias regras, muitas vezes tomava decisões precipitadas, fingindo para os outros que estava tudo bem.

Meu alicerce sempre foi Cristo, e exatamente isso gerava conflitos internos, eu não conseguia entender por que, apesar de tê-Lo como meu alicerce principal, minha vida ainda desmoronava. Algumas das minhas lutas e problemas pareciam ser maiores do que eu podia suportar, um sentimento totalmente contrário ao que a palavra diz, mas por não conseguir lidar com a pressão, eu acabava desmoronando, a palavra de Deus em meu coração era sufocada. Muitas vezes, movida pelo orgulho religioso, eu hesitava em admitir que ainda me faltava uma coisa.

As flutuações na fé, o medo, a estagnação, a fuga, a paralisia, o desânimo, a autossuficiência, rebeldia, as queixas, a insensibilidade ao pecado e as insatisfações constantes são claros sinais de que a estrutura está comprometida e precisa ser investigada.

O alicerce é uma estrutura extremamente resistente e, quando bem executado, é capaz de suportar toneladas. No entanto, antes de construir uma fundação é necessário fazer investigação do solo.

É inegável que Jesus é o alicerce indestrutível, mas a questão que precisa ser levantada é se nós somos um solo confiável. Construir uma base sólida em Jesus é comparável a construir uma estrutura robusta capaz de suportar toneladas; afinal, a glória traz consigo um peso.

Toda construção parte do mesmo princípio: o alicerce deve ser construído sobre uma base sólida para garantir a estabilidade, durabilidade e segurança da estrutura. Antes de iniciar uma grande obra, é realizado um estudo do solo para entender suas características e identificar potenciais problemas. Isso ajuda a determinar o tipo de fundação necessária.

Em seguida, o solo é preparado por meio de limpeza e escavação, removendo materiais inadequados, compactando o solo e, em alguns casos, adicionando materiais de reforço. Só então é projetada a fundação adequada.

Muitos de nós desejamos realizar sonhos e viver uma vida de ascensão em todas as áreas, incluindo a espiritual, sem aceitar pagar o preço necessário para construir uma base sólida. Queremos construir histórias duradouras sobre solos arenosos, argilosos, rochosos e, às vezes, contaminados. Sem a limpeza e a escavação adequadas, não conseguiremos solidificar nosso alicerce.

É necessário sondar o solo, explorar profundamente, mitigar as dificuldades e expor a verdade. Durante essa investigação, podemos encontrar materiais tóxicos que podem comprometer a obra, tais como:

- mágoa e falta de perdão;
- lembranças vivas de dores e traumas do passado;
- descontrole emocional;

- frustrações de sonhos abandonados;
- decepções;
- incapacidade de avançar;
- indisposição para persistir e enfrentar desafios;
- rejeição à correção, rebeldia;
- não aceitação da correção;
- orgulho, arrogância e soberba;
- rancor;
- incapacidade de resistir às adversidades e tentações;
- baixo nível de compromisso consigo mesmo;
- limitação da mente;
- pensamentos perversos;
- negativismo;
- pacto com a pobreza;
- preguiça;
- dificuldade em reconhecer que precisa de ajuda;
- vergonha e timidez excessiva;
- medo e insegurança;
- baixa autoestima;
- autoimagem distorcida, dentre outros.

Portanto, se alguém está em Cristo, é nova criação; as coisas antigas já passaram, eis que tudo se fez novo! (2 Coríntios 5:17)

A declaração bíblica "*se alguém está em Cristo, é nova criatura*" sublinha a importância do renascimento espiritual, implicando a renúncia à antiga natureza. Essa transformação é profunda e abrangente, afetando todos os aspectos da existência humana. Não se trata de uma mudança superficial ou externa, mas de uma renovação completa que ocorre ao longo do tempo. Este processo contínuo de transformação é moldado pela revelação de Deus em nossas vidas e pela nossa resposta a Ele, manifestando-se à medida que amadurecemos e crescemos em nosso relacionamento com Cristo.

Para abraçarmos uma nova vida em Cristo, é essencial iniciarmos uma jornada de autoexame profundo. Isso se torna imperativo porque frequentemente as feridas que infligimos a nós mesmos ou aos outros são moldadas por experiências passadas de dor e sofrimento. Com o tempo, essas experiências negativas, decepções, as influências culturais e maus hábitos podem distorcer nossa essência sem que percebamos imediatamente, levando-nos a nos tornar agentes de destruição. Essa dinâmica pode resultar na reprodução direta ou indireta do que um dia foi feito conosco.

Além disso, precisamos conscientemente renunciar à nossa natureza adâmica para que o novo homem possa nascer em nós. Se não realizarmos essa limpeza interior, podemos inicialmente parecer estar funcionando bem, até que, de repente, tudo é destruído.

Os anos de perseguição e rejeição sofridos por Davi certamente tiveram um impacto profundo em sua vida e em sua psique. Desde sua juventude, Davi enfrentou desafios significativos, começando com a rejeição dentro de casa, seguida pela oposição e perseguição de Saul, entre outras dificuldades. Essas experiências não apenas moldaram sua personalidade e habilidades de liderança, mas também podem ter influenciado sua percepção de autoridade e controle sobre seu reino posteriormente.

É plausível considerar que, após anos de perseguição e contestação, Davi desenvolveu uma determinação feroz para assegurar sua posição como rei. Sua capacidade de governar pode ter sido uma resposta natural ao crescimento devido às adversidades que enfrentou. Mas também é possível que as feridas emocionais não tratadas, causadas pela rejeição e perseguição, tenham afetado sua autoestima e sua necessidade de demonstrar autoridade e poder de maneira agressiva.

É assim que somos: algumas dores parecem desaparecer, até que um gatilho as reacenda e nos faça confrontar aquilo que um dia nos feriu. Podemos sentir a necessidade de provar a nós mesmos ou a alguém que nunca mais seremos privados, humilhados ou machucados. Essa reação pode se manifestar de maneira destrutiva, sem que tenhamos consciência de que essas ações são apenas respostas a uma dor não curada do passado.

Diante disso, é essencial pedir ao Espírito Santo que acesse áreas do nosso inconsciente, curando todas as feridas, inclusive aquelas que desconhecemos. Esse é o processo de cura interior, dar acesso ao Espírito Santo para que Ele possa escavar as feridas antigas e ocultas, e aplicar o bálsamo curador sobre cada uma delas.

Eu passei por essa fase, com o passar do tempo, como no processo da reforma, o desgaste tornou-se tão evidente que hesitei em aprofundar certos aspectos. Contentou-me corrigir apenas o que era mais acessível, permitindo que parte de mim permanecesse como estava; afinal, algumas dessas características pareciam ser parte intrínseca da minha personalidade. Convenci-me de que era possível funcionar com a casa "meio em ordem". Isso não é incomum; muitos de nós nos acostumamos a viver uma vida que só aparenta estar em sintonia com Cristo, sem realmente aceitar passar por uma transformação completa.

Uma estrutura que aparenta ser sólida, mas que não é verdadeiramente consolidada, está fadada a desmoronar, e foi exatamente isso que ocorreu comigo. Às vezes, não entendemos por que não conseguimos ser sólidos e constantes. Isso acontece porque não aceitamos o fato de que precisamos tratar nossas feridas de maneira mais profunda.

Davi estava no auge de seu reinado, celebrando numerosas vitórias e tendo subjugado muitos inimigos. No entanto, foi nesse período de sucesso que ele enfrentou sua maior derrota: foi derrotado por si mesmo.

Como é possível que feridas tão profundas permaneçam ocultas diante de nossos próprios olhos? A resposta é: por medo e desconforto, reprimimos o que é mais dolorido em nós. Encarar nossa nudez emocional e espiritual, desprovidos de defesas e máscaras, é uma tarefa assustadora. Encarar a voz de Deus significa enfrentar a verdade absoluta, e tudo que queremos é recuar ainda mais, temendo expor a verdadeira fragilidade, limitações e imperfeições.

A sensação de estar desnudo perante Deus é uma percepção quase obscena, revelando-nos tal como somos, sem coberturas, sem adornos ou escudos.

É tentador esconder-se por trás de racionalizações, negação e desculpas, evitando a responsabilidade que isso implica. Essa fuga da verdade pode ser uma forma de proteger o ego e evitar o desconforto da autoavaliação. No entanto, a verdadeira transformação só ocorre quando temos a coragem de nos apresentar nus diante de Deus. Esse ato é um profundo sinal de humildade, exigindo entrega total e a disposição para enfrentar nossas falhas e limitações sem disfarces, dando a nós mesmos o direito de reconhecer nossas dúvidas e erros. Ao nos mostrarmos em nossa verdadeira essência, sem máscaras ou justificativas, abrimos espaço para a graça e a cura divina, permitindo que a verdadeira transformação aconteça em nossas vidas.

O convite é emergir de nossos esconderijos, a nos revelar em nossa forma mais verdadeira, para que possamos ser transformados e renovados.

CAPÍTULO 7

QUEM TE CONTOU QUE ESTAVAS NU?

Então, Deus o questionou: "E quem te fez saber que estavas nu? Comeste, então, da árvore que te proibi de comer?"
(Gênesis 3:11)

Deus, conhecedor de todas as coisas, sabia o que havia acontecido, mas precisava que Adão reconhecesse. Reconhecer implica admitir – algo que pode ser um golpe para o nosso ego. Admitir é desafiador porque requer superar a muralha erguida pelo orgulho, vaidade, soberba e/ou arrogância. Muitas vezes, optamos pela segurança do silêncio, evitando a exposição que a confissão poderia trazer.

Quando confrontados com nossos erros, é comum a tentação de distorcer a verdade ou transferir a culpa para outros. Esse padrão de comportamento remonta à própria história. Mesmo com Deus estimulando uma conversa honesta e de autorresponsabilidade, ao perguntar: *"Você fez o que eu disse que não era para fazer?"*, Adão não consegue ser direto. Em vez de assumir suas ações, desvia a responsabilidade, culpando sua esposa e, indiretamente, a Deus: *"Foi a mulher que Tu me deste!"*.

A questão aqui não era identificar culpados, mas sim estimular a autorresponsabilidade. Assumir responsabilidade requer humildade e coragem, virtudes frequentemente obscurecidas pelo desejo de preservar a própria imagem e/ou status. É mais fácil culpar outros ou as circunstâncias do que confrontar a própria imperfeição.

Outra estratégia comum para evitar a responsabilidade pessoal é a vitimização. Esse fenômeno complexo surge quando alguém opta por se enxergar constantemente como vítima das circunstâncias ou das ações de outros. Adotar a mentalidade de impotência diante da vida permite evitar encarar as consequências de suas próprias ações ou decisões, perpetuando um ciclo de comportamento passivo e evasivo.

Desde a infância, aprendemos a esconder erros e a culpar outros para evitar punição ou desaprovação. Esse comportamento pode se enraizar como uma postura defensiva habitual ao lidarmos com conflitos e desafios ao longo da vida.

Após anos de desassossego, finalmente sucumbi à pulsão pela verdade. Chegou o momento de não apenas buscar respostas, mas também de dar respostas com sinceridade. Precisei examinar e assumir a responsabilidade integral pela minha vida, removendo todas as coberturas que insistia em manter.

Foi durante o evento traumático do incêndio que percebi a urgência de remover as camadas de proteção e me expor completamente diante de Deus. Naquela ocasião, finalmente entendi que não se constrói algo novo sobre uma estrutura velha e desgastada.

Assumir que nossas próprias ações nos levaram ao lugar onde estamos é angustiante, então começamos a dizer: "Foram os pais que Tu me deste! O cônjuge que Tu me deste! O filho, o trabalho, o vizinho..." Quantas vezes atribuímos nossa nudez a outras pessoas?

Em Lamentações 3:39, Jeremias reflete sobre a aflição de Judá, reconhecendo que todas as adversidades e sofrimentos que o povo enfrenta eram consequências de seus próprios pecados. Ele diz: *"Por que se queixa o homem vivente? Queixe-se cada um dos seus próprios pecados."* Esta declaração expressa o reconhecimento de que o sofrimento muitas vezes resulta diretamente das próprias escolhas.

O ser humano frequentemente enfrenta dois dilemas significativos: o primeiro, é a tentação de se divinizar, achando-se poderoso, acima do bem e do mal, respaldado pela ambição por poder, controle e autossuficiência, um desejo velado, impulsionado pelo orgulho em querer se igualar a Deus.

Na Bíblia, o orgulho é frequentemente apresentado como uma falha moral grave, que distorce a relação correta do ser humano com Deus e com os outros. Por exemplo, Provérbios 16:18 adverte que "*o orgulho precede a ruína, e a altivez do espírito, a queda*".

O segundo, há a inclinação à depreciação, onde o indivíduo menospreza seu próprio valor e, ao se considerar inferior e incapaz, se entrega à autodestruição emocional, física e espiritual. Ao perceber que a ilusão de estar acima do bem e do mal é falsa, mergulha no abismo da dor, confrontando sua limitação e a incapacidade de satisfazer a si mesmo.

Alguém que um dia esteve em seu auge, falando com Deus face a face, agora se esconde atrás de uma árvore, coberto de folhas de figueira, no mesmo lugar que antes foi palco para conversas profundas e momentos inigualáveis.

Davi, que um dia foi tão íntimo de Deus, superou inúmeras batalhas, foi um rei aclamado, reconhecido e respeitado, agora se vê reduzido à figura de um adúltero e assassino, tentando enganar a si mesmo.

Quantas vezes testemunhamos trajetórias de pessoas em ascensão brilhante, onde fama, fortuna e poder foram conquistados, e por fim esses indivíduos, no auge de suas vidas, declinaram, acabando sozinhos no abismo da solidão, acompanhados apenas por drogas e álcool, impelidos pela pulsão de morte. Mergulhados na amargura, trilham um caminho de tormenta, decepcionados ao descobrir que o topo que lhes foi prometido era simplesmente o nada.

Foi assim com Jesus. Após uma experiência divina, quando uma voz dos céus declarou: *"Este é o meu Filho amado, em quem me agrado"* (Mateus 3:17), Satanás se apresentou para tentá-lo.

Após 40 dias e 40 noites no deserto, teve fome. Podemos imaginar seu estado: um homem exposto às agruras do deserto. Debilitado, frágil, o tentador se aproximou, aproveitando o momento de extrema fraqueza, e disse: *"Se tu és o Filho de Deus, manda que estas pedras se tornem em pães"*.

No Oriente Médio, o pão tinha um formato semelhante ao das pedras. Ali, o inimigo tentava fazer Jesus desejar algo que atendesse sua necessidade imediata, incitando-o a provar que era, de fato, o Filho de Deus. Como se a declaração de Deus, anteriormente feita, não fosse suficiente, o tentador queria que Jesus duvidasse da palavra que saíra da boca de Deus.

A condição humilhante em que Jesus se encontrava – sujo, malcheiroso, aparência debilitada – contrastava fortemente com a imagem de um Filho de Deus esplendoroso. O inimigo queria que Jesus duvidasse de sua paternidade divina, insinuando que, se realmente fosse o Filho de Deus, não estaria naquela situação. Sendo necessário, então, tirar a prova novamente.

Depois foi a tentação de Se Atirar do Pináculo do Templo: O diabo levou Jesus à cidade santa e o colocou no ponto mais alto do templo. Disse-lhe: *"Se tu és o Filho de Deus, joga-te daqui para baixo. Pois está escrito: 'Aos seus anjos dará ordens a teu respeito, e com as mãos eles te susterão, para que jamais tropeces em alguma pedra'"*. Contestou-lhe Jesus: *"Também está escrito: 'Não tentarás o SENHOR teu Deus'"* (Mateus 4:5-7).

Essas tentações visavam desviar Jesus de Sua missão e Sua consciência messiânica. Na tradição judaica, o acesso ao templo de

Jerusalém exigia pureza ritual e obediência estrita às leis levíticas, que regulavam a apresentação impecável diante de Deus. A tentação de Satanás poderia estar relacionada com a tentativa de induzir Jesus a questionar sua própria pureza e legitimidade, insinuando que sua presença no templo, naquele momento desafiador e vulnerável, poderia ser interpretada como inadequada aos olhos de Deus.

E na sequência veio a tentação de Possuir Todos os Reinos do Mundo, o inimigo o levou ao topo de um monte e ofereceu poder em troca de adoração: "*E disse-lhe: Tudo isto te darei se, prostrado, me adorares*". Aceitar tal proposta significaria permitir que a cobiça e o orgulho entrassem em seu coração, algo que teria sido suficiente para satanás.

Em todas as ocasiões, a resposta de Jesus foi firme e categórica, sem variação ou inclinação à tentação. Finalizando aquela conversa, Jesus declarou que não se inclinaria a outro, pois apenas um é digno de adoração, Yahweh.

Adão, o primeiro homem criado por Deus, cedeu à tentação no Jardim do Éden, desobedecendo ao mandamento divino e introduzindo o pecado e a morte no mundo. Ele representou a fragilidade humana diante das seduções do maligno. Por outro lado, Jesus é descrito nas Escrituras como o segundo Adão, aquele que veio restaurar o que foi perdido. Ao enfrentar as tentações de Satanás no deserto, Jesus demonstrou sua completa fidelidade a Deus e sua vitória sobre o pecado. Ele não apenas resistiu às propostas enganosas do inimigo, mas também estabeleceu um novo padrão de obediência e retidão.

A raiz da palavra "prostrar" – "*prostare*", do latim – significa "colocar à frente", evocando ideias de priorização ou submissão. Quando alguém se prostra, não se limita apenas a curvar-se fisicamente, mas também a colocar algo ou alguém à frente de si mesmo, seja em atitude de reverência, submissão ou priorização. Quantas vezes já colocamos outras coisas à frente de nós mesmos, comprometendo nossos valores para alcançar algo, iludidos de que isso nos trará uma compensação que justificará a invalidação de nosso próprio ser.

Quantas vezes a dúvida invade o coração, fazendo-nos questionar se somos verdadeiramente filhos de Deus. Colocamos em xeque nossa filiação divina, permitindo que o sentimento de abandono domine nosso ser. Em nossa incerteza, colocamos Deus à prova, pois nos falta a convicção de que temos valor para Ele. Nessa batalha interior, é o inimigo quem frequentemente sai vencedor.

Ordenou-lhe então Jesus: "Vai-te, Satanás, porque está escrito: 'Ao SENHOR, teu Deus, adorarás e só a Ele servirás'". Assim, o Diabo o deixou; e eis que vieram anjos, e o serviram. Jesus inicia seu ministério. (Mateus 4:10-11)

Jesus, ao enfrentar as tentações no deserto, prova que a vida é sobre escolhas conscientes e alinhadas com a vontade de Deus. Cada tentação apresentada por Satanás representava uma escolha entre seguir os caminhos de Deus ou ceder as propostas "do serpente".

A palavra "servir" tem origem no latim "servire", que significa "estar sujeito a", "estar à disposição de", "prestar serviço". Essa palavra reflete a ideia de estar disponível para cumprir uma função ou tarefa, demonstrando um sentido de submissão ou compromisso.

Estamos verdadeiramente a serviço de quem? Estamos dedicando nossas energias ao nosso ego, buscando incessantemente reconhecimento e autossatisfação? Ou será que estamos servindo às propostas e dúvidas que são lançadas em nossas mentes e corações?

Adorar significa prestar homenagem a quem é devido, expressando reverência e reconhecimento profundo. Envolve alinhar pensamentos, decisões e ações. Era exatamente isso que Satanás esperava: alinhar a mente de Jesus às suas falsas promessas e provocações.

O que Satanás ainda não compreendia era que Jesus já havia determinado retirar o poder das mãos do diabo. Como homem, Ele estava plenamente consciente de quem estava servindo. Sua submissão era à missão que Seu Pai lhe confiara.

Quem lhe disse que estava nu? Certamente não foram as pessoas nem as circunstâncias; foi sua própria escolha.

A instabilidade humana é uma realidade complexa, nos leva a experimentar altos e baixos emocionais, em que oscilamos entre sentimentos de estímulo e desânimo, autoconfiança e autocondenação. Em momentos de euforia, somos muitas vezes levados a ultrapassar os limites que Deus estabeleceu para nós, buscando mais do que Ele planejou para nossas vidas. Isso pode resultar em consequências desfavoráveis, pois nos afastamos da vontade divina e nos perdemos em nossas próprias ambições e desejos descontrolados.

Por outro lado, nos períodos de baixa, tendemos a nos sentir indignos do amor e da filiação divina. A dúvida sobre nossa identidade como filhos de Deus pode nos levar a questionar nossa própria validade e propósito. Esses sentimentos de indignidade frequentemente nos afastam da presença de Deus, levando-nos a evitar buscar Sua orientação e consolo.

Durante esses períodos de instabilidade, encontramos uma oportunidade preciosa para crescimento espiritual. Paulo nos ensina que, quando nos sentimos fortes, muitas vezes estamos mais vulneráveis do que imaginamos. Nossa própria autoconfiança pode nos cegar para as nossas fraquezas e nos levar a perigos espirituais. Por outro lado, é na nossa fraqueza que experimentamos a manifestação do poder e da graça de Deus de maneira mais evidente. Como Paulo afirmou, é quando estamos fracos que somos fortalecidos pelo Senhor. Essa dinâmica nos leva a depender cada vez mais de Deus e a reconhecer que nossa verdadeira força vem d'Ele, não de nós mesmos. Assim, em vez de temer nossas fraquezas, podemos ver nelas uma oportunidade de experimentar mais profundamente o cuidado e o poder de Deus em nossa vida (2 Coríntios 12:10).

Sentar-se como o Espírito Santo e compartilhar nossa história adquire uma grande importância. Ao abrirmos cada cômodo do coração diante Dele, permitimos que Ele examine não apenas as situações que enfrentamos agora, mas também como percebemos e reagimos às situações do passado. Compartilhar nossa história não é apenas uma confissão de nossos erros e lutas, mas principalmente um pedido para que Ele nos ajude a enxergar as coisas a partir de Sua perspectiva. É reconhecer que, muitas vezes, percebemos a vida a partir da nossa vulnerabilidade e limitação, como quem percebe sua própria nudez.

O que me motivou a iniciar um processo de investigação na minha vida foi perceber finalmente que, em intervalos regulares, me via desmoronando emocionalmente e espiritualmente, independentemente do ambiente ou das pessoas ao meu redor. Essa condição recorrente não parecia estar ligada a circunstâncias momentâneas, mas sim a algo mais profundo e arraigado dentro de mim. Foi então que comecei a discernir um padrão consistente de comportamento que se repetia, como um ciclo vicioso que me aprisionava em uma espiral negativa. Precisava desvendar o que não era invisível aos meus olhos.

A narrativa que nos é transmitida desde o nascimento e ao longo da vida desempenha um papel crucial em nossa formação. As histórias, ensinamentos e experiências moldam as crenças, valores e perspectivas que temos sobre nós mesmos, os outros e Deus. Um exemplo clássico é o de Adão: inicialmente, Deus deu a Adão uma direção clara sobre sua identidade, mas a serpente distorceu essa verdade, sugerindo que ele poderia ser mais do que era, assemelhando-se a Deus.

No caso de Davi, cresceu ouvindo que seu destino seria apenas o de pastor de ovelhas, mas quando foi ungido por Samuel para ser Rei, sua postura mudou e ele creu na promessa divina. Já Jesus, desde cedo, ouviu de José e Maria que era o Filho de Deus, mas isso não o impediu de enfrentar desafios significativos. Provavelmente por ser diferente de seus irmãos, enfrentou conflitos dentro de casa, mas o auge dessas provações ocorreu no início de seu ministério, quando o diabo tentou distorcer sua identidade.

Esse relato evidencia a tentativa do inimigo de modificar as narrativas ao longo do tempo. Por essa razão é importante ter em mente que não é o que dizem para nós ou sobre nós que determina quem somos, é o que escolhemos crer.

Cresci com um profundo sentimento de rejeição. Minha mãe já tinha quatro filhos quando recebeu uma mensagem de Deus por intermédio de um profeta: ele disse que Deus daria a ela seu quinto filho, destinado a uma missão específica de resgate e transformação familiar. Essa palavra veio em uma época desafiadora, ela enfrentava problemas conjugais e sua situação financeira era precária, onde, por diversas vezes, minha mãe precisava dividir um único pão entre os quatro filhos e dormia com fome e ainda com a preocupações do que os filhos comeriam no dia seguinte. Movida pelas circunstâncias, ao ouvir aquela palavra, sua reação imediata foi rejeitar a palavra divina, questionando como seria possível cuidar de mais uma criança naquela situação, e na mesma hora que Deus afirmou que daria a ela uma criança, assegurou que cuidaria de tudo.

Meses se passaram e, enquanto ainda enfrentava desafios financeiros e emocionais, minha mãe engravidou novamente. A cada mês, ela se via confrontada com a preocupação de como cuidar de mais uma criança, considerando a dificuldade de prover o básico para os quatro filhos que já tinha. Durante meses, carregou sozinha um misto de emoções intensas, lutando para lidar com a realidade de que cuidar de mais um filho.

Quando eu nasci, Deus cumpriu Sua promessa de forma sobrenatural e além da compreensão humana. Ao chegar em casa da maternidade, eu já tinha tudo o que precisava e, a partir daquele momento, nunca me faltou nada. No entanto, apesar de ouvir minha mãe falar sobre como eu fui revelada em um culto chamado círculo de oração, a narrativa predominante em minha mente era a dificuldade que ela teve para me aceitar após receber a palavra de Deus. Por muitos anos, carreguei um profundo sentimento de rejeição.

Esse sentimento distorcido moldou profundamente minha compreensão de fé e identidade. Frequentemente me sentia inadequada, carregando uma constante necessidade de aprovação e adequação. A narrativa de rejeição que ecoava em minha mente se enraizou, afetando minhas interações e autopercepção.

Em minha jornada de fé, questionei o amor incondicional de Deus, sentindo que precisava fazer algo para merecê-lo. A promessa divina, que deveria ser uma fonte de estímulo e encorajamento, tornou-se um fardo pesado. A cada dificuldade, perguntava-me se estava falhando em cumprir a missão para a qual havia sido destinada.

Minha necessidade de aprovação manifestou-se de diversas formas. Buscava constantemente a validação dos outros, tentando preencher o vazio deixado pela sensação de rejeição. Incapaz de me adaptar aos lugares, frequentemente sentia que nunca era verdadeiramente aceita, mas apenas tolerada.

Na busca por adequação, perdi de vista a autenticidade. Tentava corresponder a expectativas que nem sempre refletiam quem eu realmente era. A narrativa de que eu precisava provar meu valor tornou-se uma prisão invisível, limitando minha capacidade de viver plenamente a identidade que Deus havia planejado para mim.

Filhos indesejados, muitas vezes carregam em seu interior um sentimento profundo de inadequação, como se sua existência fosse um fardo ou uma interrupção indesejada no fluxo da vida. Desde o início, eles podem sentir que não pertencem, que são uma presença desconfortável, carregando a carga emocional de terem sido concebidos fora do desejo ou do planejamento. Esse sentimento pode se enraizar nas suas relações, levando-os a buscar constantemente aprovação e validação, como se precisassem provar que merecem ser amados e acolhidos. A sombra dessa rejeição, ainda que não verbalizada, pode moldar suas identidades e afetar profundamente sua autoestima ao longo da vida.

Foi apenas ao confrontar todas as crenças distorcidas que consegui identificar esse sentimento de forma clara. Uma das formas que encontrei para reconhecer padrões destrutivos foi pela escrita expressiva. Ao colocar meus pensamentos e sentimentos no papel, pude enxergar padrões de comportamento, compreender desafios emocionais e, às vezes, até encontrar soluções para problemas específicos. Ao datar minhas anotações, criei um registro cronológico dos meus pensamentos e emoções ao longo do tempo, permitindo-me acompanhar nuances emocionais e comportamentais que, de outra forma, passariam despercebidas.

Ainda hoje mantenho esse hábito e, periodicamente, revisito essas anotações. Foi assim que alcancei uma compreensão mais profunda da minha construção mental. Ao perceber a raiz da rejeição, comecei a buscar em Deus uma forma de lidar com isso, pois frequentemente o inimigo me afrontava, fazendo-me sentir que não era aceita.

Certo dia, em profunda tristeza, orando ao Senhor para me livrar daquele sentimento, ouvi de forma sobrenatural uma frase: "Poucas pessoas têm o privilégio de ser anunciadas por um anjo". Naquele momento, minha mente pareceu se abrir para minha própria história. Pude compreender meu nascimento de uma nova perspectiva. Ao contrário do que o diabo sussurrava em minha mente, percebi que eu era muito amada pela minha mãe e por toda minha família, além de ter tido o privilégio de ser escolhida por Deus. Naquele instante, a narrativa contada pelo diabo que se formou como uma fortaleza na minha mente foi destruída.

Compreender que o inimigo trava uma batalha contra nós desde o nosso nascimento altera profundamente nossa percepção. Ele distorce histórias, utiliza pessoas e circunstâncias para nos atingir. Focar demasiadamente em nossas dificuldades, apoiar-nos em situações distorcidas, esconder nossos erros e atribuir culpas a outros nos leva a uma batalha equivocada.

Assim como em um incêndio, evitamos nos aprofundar na descoberta dos problemas doloridos. Na vida cotidiana, muitas vezes lidamos apenas com os sintomas dos problemas, sem abordar sua causa fundamental. Como resultado, acabamos cultivando uma espécie de "erva daninha emocional", sem compreender plenamente sua origem. Passar a vida apagando incêndios é uma abordagem insustentável. É preciso acessar a raiz do problema para encontrar uma solução duradoura e eficaz.

É essencial destacar que a escrita terapêutica, ou escrita expressiva, não requer habilidades literárias nem uma narrativa coerente. O foco está na expressão autêntica e genuína dos pensamentos e sentimentos, sem preocupações com gramática, estilo ou estrutura. Com esses registros em mãos, eu tinha dados para discutir minhas angústias, tanto com Deus quanto com as pessoas preparadas que encontrei ao longo do caminho.

Como falamos, a cura da cegueira frequentemente vem acompanhada de uma série de desconfortos físicos, à medida que somos expostos à luz da verdade. Quantas vezes eu senti enxaquecas, desconforto estomacal, dores musculares e dificuldade para dormir, gerando a sensação de que o tratamento estava causando mais mal do que bem. Essas manifestações físicas refletem o desejo instintivo do corpo de evitar o desconforto que a verdade pode trazer consigo. É como se, inconscientemente, buscássemos permanecer na segurança da escuridão, relutando em encarar a realidade revelada pela luz.

Compreender certos sentimentos não significa que você está curado. Assim como a cura da visão exige adaptação, a cura emocional exige aprender a viver com a verdade.

A partir daquela descoberta, em cada relato da escrita expressiva, muitas vezes me vi compelida a assumir a responsabilidade pela minha vida sob essa nova perspectiva. Não podia mais me esconder; precisava assumir minha verdade. Geralmente, somos genéricos em nossas confissões, mas, comprometida em relatar fatos relevantes do meu dia, não tinha como fugir. Precisava assumir também a responsabilidade por minhas atitudes, emoções, palavras e comportamentos. Houve dias em que parecia ouvir o Pai perguntar: "Você comeu do fruto da árvore da rejeição, da qual já te proibi comer?" Às vezes, conseguia admitir; em outras, fugia do assunto, e, por inúmeras vezes, transferi a responsabilidade para alguém.

Foi nesse processo que o Senhor começou a me mostrar com clareza as consequências das minhas ações.

Não importa se a atitude é consciente ou inconsciente, premeditada ou não; atitudes são como sementes. Uma vez lançadas, existem grandes chances de germinar, e ninguém que lança uma semente de banana vai colher maçã.

Nessa jornada de autorreflexão, compreendi exatamente as sementes que eu estava lançando ao caminho e tive a oportunidade de fazer novas escolhas diariamente. Nem sempre era fácil, mas sentia a necessidade de tentar todos os dias.

Podemos desenvolver padrões de comportamento em resposta a sentimentos não resolvidos, e sempre que uma ameaça surge, tendemos a repetir esses padrões. A compulsão à repetição é uma tendência inconsciente de reviver experiências passadas, muitas vezes traumáticas, na tentativa de dominá-las. Esse comportamento pode ser visto como um mecanismo de defesa, onde a mente busca lidar com emoções não resolvidas ao recriar situações semelhantes em contextos diferentes.

Ao trazer esses padrões inconscientes à consciência, o indivíduo começa a compreender a origem de seus comportamentos e sentimentos. Reconhecer que essas reações são tentativas de lidar com traumas passados permite uma reavaliação das respostas emocionais. Compreender e interromper a repetição desses padrões é essencial para alcançar uma mudança duradoura e uma verdadeira libertação.

Descobri que a única forma de vencer era seguindo a instrução de Deus, como descrito em Josué 1:8: *Que o livro da Torá, Lei, esteja sempre nos teus lábios: medita nele dia e noite, para que tenhas o cuidado de agir em conformidade com tudo que nele está escrito. Deste modo serás vitorioso em todas as tuas empreitadas e alcançarás bom êxito!*

Ao falarmos sobre algo, mergulhamos em um profundo processo de reflexão. É comprovado que a melhor forma de aprender é ensinar. Quando o Senhor instrui Josué a falar dos livros da lei, é uma forma de ele estudar, memorizar, internalizar o que daria a ele sucesso em sua jornada, além de promover envolvimento e comprometimento.

Outra orientação de Deus foi meditar na Sua palavra de dia e de noite, enfatizando a importância da meditação constante. Podemos aplicar isso em nossas vidas estabelecendo dois momentos de qualidade diariamente: pela manhã, isso nos proporciona clareza e direção para o dia; à noite, permite revisitar e avaliar a aplicação do que foi meditado ao longo do dia. Inúmeras vezes identifiquei padrões destrutivos enquanto meditava na palavra durante a noite.

O Senhor nos ensina sobre a intencionalidade em nossa vida espiritual e prática diária. Ele nos orienta a agir com propósito, direcionando nossos pensamentos, palavras e ações de maneira consciente e deliberada, e isso exige hábito.

Salmo 119:164, o salmista diz: Louvo-te, sete vezes ao dia, por tuas justas ordenanças.

Claro que não se trata de números, mas de hábitos que podemos adotar como estratégias para romper barreiras e criar sinapses. Para muitos, transgredir pode ter se tornado um costume enraizado. Sentir-se inferior, responder de maneira negativa, estar constantemente mal-humorado, nutrir raiva, buscar vantagens pessoais a todo custo, cobiçar e desejar o que não lhe pertence, sedução, procrastinar, invejar, falta de gratidão, excesso de preocupação e falta de autocontrole são alguns comportamentos que podemos reproduzir e, se não forem reconhecidos e modificados conscientemente à luz da Palavra, podem dominar nossa forma de viver.

Em cada uma das tentações, Jesus respondeu com palavras baseadas nas Escrituras. Ele não apenas citou a Palavra de Deus, mas a aplicou com poder e sabedoria para resistir às tentações. Assim, Jesus nos forneceu uma ferramenta essencial, e cabe a nós desenvolver a habilidade de aplicar seus ensinamentos de maneira prática, resistindo às tentações que buscam nos desviar da obediência ao Pai. Quanto mais nos aprofundamos na Palavra, mais ela se torna parte de nós.

Parar e avaliar nosso comportamento é uma ordem bíblica. *"Examine-se o homem a si mesmo"* (1 Coríntios 11:28). Mas, ao invés disso, acionamos o piloto automático e seguimos em frente, como se não fôssemos dar conta de nossos atos ou como se não houvesse opção de resistir à tentação. Perecemos porque nos falta conhecimento; na ignorância, somos facilmente conduzidos.

Quantas coisas poderiam ter sido evitadas se tivessem sido interrompidas no início! Mas a falta de análise, o fato de não nos apresentarmos diante do Senhor na virada de cada dia, nos dá respaldo para seguir fazendo exatamente o que é contrário à vontade de Deus.

Foi aplicando estratégias como que essa que o Senhor começou a desfazer as camadas da minha vida. Coisas com que eu convivia com tanta naturalidade passei a enxergar o quão inflamáveis eram.

Contudo, temos dificuldade em reconhecer nossa nudez e contar ao Senhor como chegamos a essa condição, porque, ao longo da conversa, teremos que enfrentar outras perguntas que expõem nossa miséria e egoísmo interior.

Em Romanos 7:14-25, Paulo fala sobre a lei e o pecado. Ele explica que, embora ele deseje fazer o bem, ele frequentemente faz o mal que não quer fazer. Ele reconhece que há uma lei interior que o leva a pecar, apesar de sua mente desejar seguir a lei de Deus. Este conflito interior leva Paulo a exclamar em desespero: *"Miserável homem que eu sou! Quem me livrará do corpo desta morte?"*

O clímax dessa passagem é a expressão da necessidade de um salvador. Paulo reconhece sua incapacidade de vencer o pecado por si mesmo e aponta para Jesus Cristo como a única solução. *Romanos 7:25, ele declara: Graças a Deus, por Jesus Cristo, nosso Senhor! De modo que, eu mesmo com a razão sirvo à Lei de Deus, mas com a carne à lei do pecado.*

Em várias passagens, percebemos na escrita de Paulo a tensão entre o desejo de seguir a lei de Deus e a realidade da natureza pecaminosa humana, ressaltando a necessidade da graça e redenção oferecidas por Jesus Cristo. Somos consolados ao nos lembrar dessa verdade: *Entretanto, Ele me declarou: "A minha graça te é suficiente, pois o meu poder se aperfeiçoa na fraqueza". Sendo assim, de boa vontade me gloriarei nas minhas fraquezas, a fim de que o poder de Cristo repouse sobre mim. Por esse motivo, por amor de Cristo, posso ser feliz nas fraquezas, nas ofensas, nas necessidades, nas perseguições, nas angústias. Porquanto, quando estou enfraquecido é que sou forte! As credenciais do apóstolo (2 Coríntios 12:9-10).*

O segredo para renunciar a si mesmo está em ter um coração rendido, ensinável e arrependido, pronto para aprender e obedecer. A parábola do semeador, apresentada por Jesus em Mateus 13:1-23, é uma das mais conhecidas e profundas parábolas bíblicas. Nela, Jesus descreve um semeador que saiu para semear e lança suas sementes em diferentes tipos de solo: solo seco, rochoso, espinhoso e em boa terra. Cada tipo de solo representa diferentes condições do coração humano e o resultado da semeadura é afetado por essas condições. Enquanto não temos consciência do tipo de solo que somos, corremos o risco de desperdiçar as melhores sementes.

É essencial questionar: Que tipo de solo sou?

Solo superficial: imagine um solo à beira do caminho, onde as aves do céu rapidamente vêm e comem as sementes lançadas.

Assim como este solo, uma mente fechada e endurecida é incapaz de permitir que as sementes penetrem. A resistência em ouvir e se render impede que a palavra possa germinar, crescer e frutificar.

Existem pessoas com mentes tão superficiais que são completamente fechadas a outras opiniões. Elas não aceitam refletir nem reconsiderar, o que impede a penetração de novas ideias e a oportunidade de desenvolver novos pontos de vista. Isso não se limita apenas à palavra de Deus, mas se estende a outras áreas da vida, como no campo profissional, nos relacionamentos e em diversas perspectivas.

Em certos momentos, podemos estar tão enraizados em nossas crenças e convicções que nos tornamos insensíveis e fechados para novas ideias. Com os ouvidos fechados e uma tendência a ignorar, resistimos tanto que, mesmo sofrendo, relutamos em abrir espaço para a cura e o crescimento. Essa resistência obstinada pode nos deixar presos em ciclos. Somente ao reconhecermos essa barreira autoimposta podemos ser restaurados.

Homens duros de entendimento e incircuncisos de coração e de ouvidos, vós sempre resistis ao Espírito Santo. Da mesma forma como agiram vossos pais, assim vós fazeis também. (Atos 7:51-56)

Dura cerviz é uma expressão que se refere a alguém que é teimoso, obstinado ou de coração endurecido, que se recusa a obedecer ou a aceitar correção. É uma metáfora que faz alusão ao comportamento de um animal que resiste.

Solo rochoso: este solo pode representar a mente impulsiva, que recebe a Palavra com alegria, mas não tem raízes profundas. Quando surgem tribulações ou perseguições, essa pessoa rapidamente se desvia do caminho. Em nossa mente, isso pode ser comparado com o entusiasmo inicial por novas ideias ou compromissos que desaparece rapidamente diante das dificuldades e desafios da vida.

Quantas vezes somos impulsionados pela própria palavra de Deus, sentindo nossos corações arderem com uma forte esperança de mudança. Mas, ao retornarmos para a vida diária, esse entusiasmo se dissipa, revelando-se meramente como uma emoção passageira, e não uma manifestação genuína do poder do Espírito Santo e da fé.

Solo espinhoso: este solo pode representar a mente preocupada e ansiosa, onde a Palavra é sufocada pelos cuidados desta vida e pelas ilusões das riquezas.

Descobrir o que tem ocupado nossas mentes é imprescindível. Vivemos imersos em uma busca incessante por satisfação pessoal e social, lidando com compromissos e ocupações que frequentemente nos deixam exaustos. Essa luta constante pode nos tornar vulneráveis a ser sufocados por qualquer desafio que surja, o que diminui o impacto transformador da palavra de Deus em nossas vidas.

No mundo atual, somos bombardeados por informações e pressionados a buscar mais continuamente. Parece que nunca é o bastante. Nessa corrida por conquistas materiais e status, é fácil perder de vista o que realmente importa. Temos a tendência de distorcer nossas prioridades, confiar em nossa própria força e acreditar que a felicidade está na acumulação material. Convencemo-nos de que não podemos seguir o chamado do Senhor por nos sentirmos inadequados, sufocando assim Sua palavra.

Bom solo: este solo representa a mente receptiva e fértil, que ouve, filtra, retém o que é bom e dá fruto, produzindo trinta, sessenta ou até cem vezes mais do que foi semeado. Em nossa mente, isso simboliza uma abertura para o fluir da verdade, uma disposição para aprender e crescer.

Na agricultura, a terra representa o alicerce de toda a vida vegetal. O agricultor compreende a importância de preparar minuciosamente o solo para assegurar uma colheita abundante e saudável.

Esse ritual começa com a aração, arado é um instrumento que serve para revirar e virar o solo para torná-lo propício ao plantio.

Durante o arado, o solo é cuidadosamente revolvido e suas estruturas compactas são desfeitas. Esse movimento não apenas aerifica o solo, mas também melhora a circulação de ar e água, facilitando o crescimento saudável das raízes das plantas.

O Senhor frequentemente usa circunstâncias e pessoas como instrumentos para revirar e transformar as estruturas de nossas vidas. É como um processo de aração espiritual, onde nossas crenças e convicções são desafiadas e desmembradas de suas estruturas compactas, preparando-nos para receber novas sementes de crescimento e renovação.

Deus permite que passemos por experiências que nos confrontam e nos levam a refletir profundamente sobre nossas escolhas, comportamentos e fé. Em momentos como esses, somos confrontados com a necessidade de escolher a quem servir, quais emoções nutrir e quais decisões tomar.

Embora esses períodos de agitação e transformação possam inicialmente parecer dolorosos e desconfortáveis, são essenciais para nosso crescimento espiritual. Assim como o solo precisa ser arado para que as sementes possam germinar e as plantas possam crescer, Deus revolve nossa estrutura interior, removendo o que é velho e estabelecendo um espaço fértil para o novo florescer.

Portanto, para ser uma boa terra diante de Deus, precisamos entender que Ele trabalha em nós de maneiras que podem parecer disruptivas, mas que são fundamentais para nossa renovação e crescimento espiritual.

Após a aração, segue-se a etapa da adubação, um processo essencial para nutrir o solo e prepará-lo para o plantio. Curiosamente, durante essa fase, é comum nos depararmos com um cheiro desagradável e uma aparência suja. Assim como na vida, é necessário passar por momentos de desconforto e desordem. É como se nossas impurezas interiores precisassem ser expostas e tratadas antes que possamos experimentar uma verdadeira purificação e renovação.

E aí, sim, vem a irrigação. Água!

A água é essencial para o crescimento das plantas, é como um bálsamo que nutre e revitaliza o solo preparado. Assim como uma fonte de vida, a irrigação proporciona às sementes o meio necessário para germinar e prosperar. É o toque final que impulsiona o ciclo de crescimento, transformando o solo fértil em um jardim vibrante e exuberante.

Porque despejarei água sobre o sedento e torrentes sobre a terra seca; derramarei o meu Espírito sobre a tua posteridade e a minha bênção sobre a tua descendência; (Isaías 44:3)

Antes mesmo de lançar as sementes na boa terra preparada, é essencial criar os sulcos. Sulcos são linhas ou valas que rasgam o solo, proporcionando leitos ideais para as sementes serem semeadas. Além de oferecerem um local adequado para o plantio, os sulcos desempenham um papel crucial na proteção das sementes contra animais, como pássaros e roedores. Ao enterrar as sementes nos sulcos, torna-se mais difícil para os animais acessá-las, reduzindo significativamente o risco de perdas durante o processo de germinação e crescimento inicial das plantas.

Os sulcos mantêm as sementes no lugar, impedindo que sejam arrastadas pela água da chuva ou pelo vento antes de germinarem. Isso contribui para uma distribuição mais uniforme das sementes e um estabelecimento mais consistente das plantas ao longo do campo. Em áreas maiores, é comum utilizar tratores equipados com sulcadores, que criam esses rasgos no solo. Neste caso, a preparação do leito para a semente vem pela pressão do solo e do rasgo.

Quando somos rasgados e pressionados, estamos sendo preparados pelo Senhor. Assim como um médico realiza uma cirurgia para remover uma doença e restaurar a saúde do paciente, Deus opera esses cortes em nossas vidas para remover o pecado, a dúvida, o medo e tudo o mais que nos impede de viver em plenitude com Ele.

Como mencionado, as consequências da queda de Adão influenciaram toda a humanidade, resultando na perda do entendimento de si mesmo, dos outros, das circunstâncias e de Deus. Essa queda nos tornou cativos de confusões mentais, reféns das distorções da realidade e das armadilhas criadas pelo inimigo.

Um ser humano, anteriormente dotado de liberdade, habilidade para tomar decisões sábias e acesso à sabedoria divina, agora se vê limitado. Sua mente, antes clara e direcionada, está envolta em confusão, com múltiplos caminhos que o impedem de progredir. Mantendo-o preso em um ciclo de retrocesso constante, aquela terra boa tornou-se infértil.

Então, o Criador decide pegar esse barro infértil e transformá-lo em terra boa novamente. Entretanto, existe um preço a ser pago para que a boa terra produza trinta, sessenta e cem por um, mas o especialista em barro sabe o que faz. Ele dá vida de novo, moldando e revitalizando, transformando o que podia ser descartável em algo útil de novo.

Cuidaste da terra e a irrigaste, enriquecendo-a com cursos de água por Ti abastecidos; provês os grãos para alimento do ser humano, pois para isso a terra preparaste. Regas seus sulcos, fazes por seus canais correr água; com as gotas da chuva a fazes germinar e sua flora abençoas. Com tua bondade a cobres por todo o ano e abundância extravasa de tuas veredas. (Salmos 65:9-11)

CAPÍTULO 8

EFEITO REPIQUE

> *Para a mulher sentenciou o SENHOR: "Multiplicarei grandemente o teu sofrimento na gravidez; em meio à agonia darás à luz filhos; seguirás desejando influenciar o teu marido, mas ele te dominará!" Então voltou-se para o homem e ordenou: "Porque escutaste a voz de tua mulher e comeste da árvore que Eu te proibira comer, maldita é a terra por tua causa! Com sofrimentos obterás do solo o teu alimento, todos os dias da tua vida. A terra produzirá espinhos e ervas daninhas, e tu terás de comer das plantas do campo..."*
> *(Gênesis 3:16-18)*

As consequências muitas vezes surgem quando o curso das coisas é alterado por interferências externas, revelando resultados inesperados ou diferentes daqueles inicialmente previstos. São as ramificações naturais de algo que aconteceu.

Eu te encorajo agora a ler Deuteronômio 28, esse livro faz parte do Pentateuco, os cinco primeiros livros da Bíblia, atribuídos a Moisés. Nesse capítulo, Moisés está prestes a entregar o comando de liderança ao povo de Israel para Josué, antes de sua morte e da entrada na Terra Prometida sob a nova liderança. Moisés, inspirado por Deus, pronuncia bênçãos e maldições relacionadas à obediência e desobediência aos mandamentos divinos.

Moisés relembra o pacto que Deus fez com Israel no Monte Sinai, renovando e detalhando as recompensas que viriam pela obediência e as punições pela desobediência. As bênçãos são descritas em detalhes, incluindo prosperidade material, saúde, sucesso em batalhas, abundância de colheitas e a promessa de que Israel seria uma nação poderosa e respeitada entre as nações. Por outro lado, as maldições também são delineadas, incluindo doenças, derrotas em batalha, fome, escravidão e dispersão entre as nações.

Ao ler os mandamentos sem compreender o contexto bíblico, pode-se erroneamente interpretar o capítulo como uma espécie de "chantagem" divina, onde Deus parece dizer: "Faça o que eu quero ou eu te castigo". No entanto, esse entendimento está longe de refletir a verdade.

Na época bíblica, o casamento era frequentemente visto como um contrato formal entre famílias, mais do que apenas uma união pessoal. Esse compromisso representava uma aliança social com repercussões significativas para todos os envolvidos. O não cumprimento das obrigações matrimoniais podia resultar em consequências legais e sociais severas, tanto para o noivo quanto para a noiva. Em algumas sociedades antigas, isso incluía multas financeiras, perda de propriedade ou até punições físicas, dependendo das leis locais e costumes. A reputação e o status social da família e dos indivíduos envolvidos também eram gravemente afetados, sendo uma quebra de contrato vista como uma desonra, especialmente se envolvesse acordos financeiros ou sociais significativos. Esse entendimento profundo do compromisso matrimonial reflete a seriedade com que a aliança era tratada naquela cultura, destacando a sacralidade e as consequências sérias da quebra de uma aliança matrimonial.

Quando o Senhor firma a aliança com o povo de Israel, ele destaca as bênçãos e maldições. Neste episódio o Senhor não está criando com um povo uma relação de troca, pelo contrário, ele demonstra ao povo que tipo de relacionamento ele pretendia construir, exemplifica que o compromisso firmado era semelhante a um contrato, uma aliança, podendo também ser comparável a uma relação de matrimônio, e por isso ambos os lados tinham deveres e direitos a cumprir, principalmente de fidelidade.

Enquanto o povo se mostrava fiel a esse relacionamento, eles eram beneficiados com o cuidado de Deus, assim como em um relacionamento amoroso. Por outro lado, à medida que falhavam e se tornavam como uma esposa infiel, provavam das consequências já previamente acordadas, não sendo pegos de surpresa. Afinal, como alguém pode esperar fidelidade e benefícios quando, em troca, só oferece infidelidade e desrespeito?

Certa vez, uma pessoa me contou um sonho. Ela estava diante de uma decisão importante em sua vida, em um período em que juntas buscávamos discernir a vontade de Deus.

Nesse sonho, ela estava em uma bifurcação: de um lado, estava aquilo que ela mais desejava, no entanto, para alcançá-lo, teria que percorrer um caminho árido e seco, desprovido de vida ou prosperidade; do outro lado, ela vislumbrava um caminho verdejante repleto de frutos, não havia o "presente" que tanto desejava, porém havia muitas outras possibilidades a serem exploradas. Ao relatar-me o sonho, eu a orientei que Deus lhe concedia a liberdade de escolha, porém mostrava as consequências de cada decisão.

Surpreendentemente, ela me disse que optava por ter aquilo que deseja, e estava decidida a pagar o preço necessário. Sua decisão doeu meu coração, porém ela tinha a liberdade de escolha. O tempo passou e perdemos o contato, aproximadamente seis anos depois, nos reencontramos. Ela afirmou que foi a pior decisão de sua vida! Entretanto, reconheceu que Deus a alertou sobre o que a esperava no caminho e, por escolher não renunciar a sua vontade para viver a vontade de Deus, estava colhendo o fruto da sua escolha.

E, obviamente, o preço era alto demais e não sabia se conseguiria pagá-lo até o final.

Deus alertou Adão, Deus alertou Israel, Deus alerta Sua Igreja, Deus alerta Seus filhos, Deus alertou minha amiga e, inúmeras vezes, também me alertou e continua a nos alertar. As orientações de Deus não são excessos, caprichos ou punições; é um contrato de compromisso e fidelidade.

As consequências das nossas escolhas podem ser comparadas ao efeito repique. O efeito repique é um fenômeno que ocorre quando um evento inicial desencadeia uma série de respostas subsequentes que se ampliam e se propagam ao longo do tempo. É observado em situações envolvendo ondas ou vibrações, como o lançamento de uma pedra em um lago.

Imagine que você está em um lago e decide jogar uma pedra na água. Ao lançar a pedra, ela cria ondas que se espalham pela superfície, formando círculos concêntricos. Essas ondas não apenas se movem para frente, mas também retornam quando encontram a margem do lago ou outras ondas. Esse "retorno" das ondas faz com que elas colidam e interajam umas com as outras, aumentando sua força e intensidade.

Cada decisão que tomamos pode ser como lançar uma pedra no lago. Ela cria "ondas" que se espalham pela frente, mas também retornam para nós de maneiras que podemos não esperar.

O que Deus nos explica repetidas vezes é para nos fazer compreender o "efeito repique". Demonstrando que nossas escolhas têm um efeito cascata, e o ideal é analisar se o que estamos vivendo hoje está de acordo com a aliança que firmamos com o noivo.

Então lhes responderás: "Ora, foi porque os teus antepassados me abandonaram!" – diz Yahweh, "e preferiram seguir outros deuses, *aos quais prestaram culto e adoraram. Eles me abandonaram e não desejaram obedecer aos meus mandamentos. Contudo, vós cometestes erros ainda piores do que vossos pais, pois cada um de vós segue a teimosia de seu coração maligno, recusando-se a me dar ouvidos..."* (Jeremias 16:11-12)

O povo de Israel estava mergulhado na idolatria e na desobediência aos mandamentos de Deus. Eles haviam abandonado a aliança com o Senhor, voltando-se para outros deuses, adotando práticas religiosas pagãs. Jeremias foi enviado por Deus para advertir o povo sobre as consequências de seus pecados e exortá-los ao arrependimento.

O versículo citado é uma repreensão divina sobre a conduta do povo, destacando que eles estavam seguindo os mesmos caminhos de seus antepassados, que também haviam se afastado de Deus.

Estudando a Palavra, encontramos inúmeras vezes o Senhor alertando os pais a ensinarem seus filhos os mandamentos, para que desde cedo aprendam a discernir e a fazer boas escolhas. Vale lembrar que ensinar não é apenas falar, mas também praticar o que é ensinado.

Deus confronta os israelitas por sua obstinação em persistir nos pecados de seus pais, em vez de aprender com os erros do passado e se voltar para Ele em arrependimento e obediência.

É intrigante observar que raramente aprendemos com os erros de nossos antepassados; tendemos a repeti-los. Isso ocorre porque muitas vezes não investigamos nossa árvore genealógica e não reconhecemos a conexão com o passado, frequentemente olhando para trás apenas para justificar nossos próprios erros. Ignorar nossa história familiar é desperdiçar a oportunidade de aprender com os erros e acertos daqueles que vieram antes de nós.

Nossos antepassados enfrentaram desafios, tomaram decisões e viveram consequências que moldaram a trajetória de suas vidas e, por extensão, a nossa. Quando negligenciamos a compreensão dessas experiências, corremos o risco de perpetuar padrões de comportamento prejudiciais. A Bíblia frequentemente apresenta genealogias, destacando quem fazia parte da história daquela pessoa, provando que a história dos antepassados importa. As genealogias bíblicas não são meros registros de nomes, mas narrativas que revelam a identidade e o propósito divino. A linhagem de Jesus, por exemplo, estabelece sua herança messiânica e destaca a importância de cada antepassado no cumprimento das profecias e na formação da história sagrada.

Ao estudarmos nossa história e reconhecermos a conexão com nosso passado, podemos extrair lições valiosas e evitar a repetição de erros antigos. Observamos padrões de comportamento, identificamos traços familiares e compreendemos melhor nossas próprias tendências. Essa compreensão pode nos ajudar a interromper ciclos negativos e promover um legado positivo para as futuras gerações.

A maldição hereditária, muitas vezes, é revelada por padrões destrutivos aprendidos que se manifestam ao longo de várias gerações. Esses padrões podem ser identificados por eventos repetitivos, tornando-se evidentes e reconhecíveis. Aqueles que os identificam possuem a autoridade para interrompê-los.

Conforme descrito em Deuteronômio, a maldição é o resultado do erro humano, e, para quebrar esse ciclo, é necessário coragem para investigar onde reside o erro, e humildade para a confissão sincera e o arrependimento genuíno. Esses passos são fundamentais para interromper o padrão destrutivo e abrir caminho para a restauração e a bênção.

Se fielmente obedeceres à Palavra do SENHOR, teu Deus, tendo o zelo de seguir todos os seus mandamentos que neste dia te ordeno, Yahweh, o teu Deus, te exaltará sobre todas as nações da terra! 2Se ouvires a voz do Eterno, teu Deus, virão sobre ti e te acompanharão todas estas bênçãos: (Deuteronômio 28:1) - leia o capítulo completo.

Precisamos tomar uma posição firme e escolher um lado, pois a fidelidade implica compromisso inabalável. À medida que enfrentamos as vicissitudes da vida, nossos corações, inicialmente cheios de convicção, podem vacilar diante das adversidades. Entretanto, nossa fé não pode se basear naquilo que vemos ou sentimos momentaneamente, mas sim naquilo em que escolhemos colocar nossa confiança.

A forma como Deus se comunica conosco é verdadeiramente extraordinária. Ele usa uma linguagem acessível que alcança nosso entendimento para facilitar nossa compreensão e comunicação com Ele. Alguns estudiosos dizem que os mandamentos de Deus, descritos em Êxodo 20 e Deuteronômio 5, podem ser vistos como semelhantes ao contrato de vassalagem da Idade Média feudal.

Os tratados de vassalagem eram acordos formais entre um suserano (senhor poderoso) e um vassalo (súdito ou reino menor). Esses tratados estabeleciam as obrigações e direitos de cada parte, incluindo promessas de proteção, provisão e benefícios em troca de lealdade e serviço.

Da mesma forma, os mandamentos de Deus foram apresentados a Israel como parte de um pacto ou aliança. Deus se apresenta como o Suserano soberano e Israel como Seu vassalo. Os mandamentos delineiam as responsabilidades e obrigações de Israel para com Deus, incluindo a fidelidade exclusiva, a adoração correta, a obediência moral e ética.

Assim como nos tratados de suserania, onde a quebra dos termos acordados resultava em consequências severas para o vassalo (como perda de proteção e bênçãos), a desobediência aos mandamentos de Deus trazia consequências espirituais e materiais para Israel. Por outro lado, a obediência resultaria em bênçãos, proteção e favor divino.

Nos tratados de suserania, havia um ritual de ratificação em que o vassalo reconhecia a autoridade do suserano e comprometia sua fidelidade. No caso dos mandamentos, a ratificação ocorreu no Monte Sinai, onde Israel, por meio de Moisés, aceitou os mandamentos como a vontade de Deus para eles (Êxodo 24).

A abordagem do Pacto de Suserania enfatiza não apenas a natureza legal e contratual dos mandamentos, mas também ressalta o relacionamento pessoal e ético entre Deus e Seu povo. Isso ajuda a entender a profundidade do compromisso mútuo entre Deus e Israel, baseado na fidelidade e justiça.

Quando o povo de Israel saiu do Egito, carregava consigo não apenas costumes prejudiciais, mas um profundo comprometimento físico, emocional e, principalmente, espiritual. Esses hábitos destrutivos e a adoração a outros deuses haviam se enraizado em suas vidas, afetando sua integridade de maneira abrangente. A influência desses vícios não só os impactava pessoalmente, mas também os afastava da verdadeira comunhão com Deus, corroendo suas bases espirituais e dificultando a construção de uma identidade fiel ao Senhor.

O Egito precisava sair deles, com a intenção de transformá-los em uma nação exclusiva, o Senhor começou a educá-los para viver de acordo com Sua cultura. Como qualquer instituição que precisa de deveres e direitos para funcionar bem, esse contrato serviu como uma forma de educar o povo, preparando-os para se tornarem uma nação poderosa e próspera.

A promessa do Senhor se concretizou. Os judeus, até os dias de hoje, são reconhecidos por sua disciplina, inteligência e prosperidade, destacando-se como um dos povos mais avançados do mundo. Israel, em particular, mesmo diante dos inúmeros desafios que ainda enfrenta, é hoje uma das nações mais desenvolvidas em tecnologia, sendo líder global em inovação, pesquisa e desenvolvimento. O cumprimento desse pacto divino, que teve início na Antiguidade, se reflete na moderna nação de Israel, servindo como um testemunho vivo da fidelidade e da promessa de Deus na atualidade.

Depois de Moisés, ao conquistar a terra prometida, Josué reuniu todo o povo de Israel em Siquém e, diante deles, leu novamente o contrato estabelecido por Deus para Seu povo. Ao longo da história bíblica, vários líderes de Israel seguiram esse exemplo, relembrando o povo dos mandamentos e da aliança divina. Este ato de renovação da aliança era essencial para fortalecer a lembrança do pacto estabelecido.

Durante o reinado de Josias, um dos mais notáveis reis de Judá, ele descobriu o Livro da Lei no templo e, ao lê-lo, compreendeu a gravidade do desvio do povo de Deus. Reuniu então todo o povo e reafirmou os mandamentos, renovando assim a aliança com o Senhor (2 Reis 23:1-3).

Neemias, junto com Esdras, desempenhou um papel crucial na renovação espiritual de Jerusalém após a reconstrução dos muros. Ele conduziu o povo em um ato solene de lembrança dos mandamentos de Deus, reafirmando a necessidade imperativa de obedecer ao Senhor conforme um dia haviam se comprometido (Neemias 9:1-3; 10:28-29).

Ezequias, em seu reinado, liderou um significativo retorno à adoração exclusiva ao Senhor. Ele restaurou a pureza da adoração, eliminando ídolos e reinstaurando a observância da Páscoa, símbolo de compromisso e fidelidade a Deus (2 Crônicas 29:1-11; 30:1-27).

Os profetas foram instrumentos cruciais através dos quais Deus transmitiu Suas mensagens e advertências ao povo de Israel, relembrando a importância do contrato estabelecido e a quebra desse contrato com Deus.

Isaías, por exemplo, condenou a idolatria e a injustiça social entre o povo, enfatizando que a verdadeira obediência envolve viver de acordo com os princípios de justiça e retidão estabelecidos por Deus (Isaías 1:10-20). Jeremias, em suas profecias, advertiu vigorosamente contra a apostasia de Israel e Judá, chamando-os a retornar à fidelidade a Deus e a obedecer aos Seus mandamentos como expressão de sua aliança (Jeremias 7:21-28).

Ezequiel confrontou o povo por sua rebelião contra os mandamentos de Deus, instando-os ao arrependimento e à restauração da aliança perdida (Ezequiel 18).

Daniel, embora focado em visões e profecias, viveu uma vida exemplar de obediência aos mandamentos de Deus, mesmo em meio ao exílio na Babilônia, demonstrando fidelidade à Lei de Moisés em todas as circunstâncias (Daniel 1-6).

Oseias utilizou sua própria vida e casamento como uma poderosa metáfora da infidelidade de Israel para com Deus, destacando a necessidade urgente de um retorno ao Senhor para restauração da aliança quebrada (Oseias 1-3). Amós, por sua vez, denunciou vigorosamente a injustiça social e a idolatria entre o povo de Israel, convocando-os a viver em conformidade com os princípios de justiça e retidão que estão no cerne dos mandamentos de Deus (Amós 5:21-24).

Miqueias também confrontou a corrupção e a opressão dos poderosos, recordando ao povo os caminhos retos e misericordiosos de Deus, que contrastam com as práticas injustas da sociedade (Miqueias 6:8).

Esses profetas e líderes não apenas proclamaram a palavra de Deus, mas também agiram como guardiões dos mandamentos divinos, lembrando o povo da necessidade de viver em obediência e reverência a Deus. Suas mensagens não apenas repreendiam as transgressões, mas também ofereciam um lembrete da esperança de restauração pelo arrependimento e retorno à aliança com o Senhor.

Porém, se não vos parece bem servir a Yahweh, escolhei agora a quem quereis servir: se as divindades às quais serviram vossos antepassados além do rio Eufrates, na terra da Mesopotâmia ou os deuses dos amorreus em cuja terra agora habitais. Eu e a minha casa serviremos ao SENHOR! (Josué 24:15)

Com essas palavras, Josué desafiou o povo a fazer uma escolha decisiva: servir ao Senhor, o Deus de Israel, ou seguir os deuses estrangeiros. Ele enfatizou que não era aceitável ficar em cima do muro, tentando servir a dois senhores ao mesmo tempo, o que seria quebrar o acordo feito com Deus.

Ninguém pode servir a dois senhores; pois odiará um e amará o outro, ou será leal a um e desprezará o outro. Não podeis servir a Deus e a Mâmon. (Mateus 6:24)

Josué instou o povo de Israel a fazer uma escolha inequívoca e comprometida entre servir ao Senhor ou seguir outros deuses. Ele enfatizou a necessidade de fidelidade e compromisso exclusivo com Deus, ressoando com os princípios dos contratos de vassalagem, nos quais a quebra do acordo acarretava consequências severas. Israel era convocado a uma devoção, onde a obediência aos mandamentos divinos garantia bênçãos e proteção, enquanto a desobediência resultava em desastre e privação.

Chega um momento em nossas vidas em que precisamos tomar uma decisão crucial: a mornidão espiritual provoca repulsa em Deus.

Ele não deseja uma devoção superficial ou indiferente. Pelo contrário, Deus prefere que sejamos fervorosos e apaixonados em nossa busca por Ele. É preferível até mesmo ser completamente frio do que morno, pois aqueles que são mornos são considerados infiéis, desprovidos de caráter e honestidade.

Diante do meu processo em busca da verdade, percebi que a maneira como vivia não estava em harmonia com o pacto que Deus havia estabelecido comigo por meio de Sua palavra. Foi então que precisei tomar uma decisão. O padrão antigo não poderia mais governar minha vida; era hora honrar essa aliança.

Reconheço que este é um exercício extremamente desafiador, pois é nesse momento que percebemos que não há bondade intrínseca em nós e quanto ainda as influências do "Egito" continuam a nos afetar.

A doutrina humanista nos encoraja a aceitar nossos erros, dores e falhas com leveza, abraçando quem somos na busca constante pela autoaceitação. No entanto, a orientação divina nos aponta para um caminho oposto e mais profundo: a negação de nós mesmos. Como Jesus disse em Mateus 16:24: *Então Jesus declarou aos seus discípulos: "Se alguém deseja seguir-me, negue-se a si mesmo, tome a sua cruz e me acompanhe".*

Somos instigados a reconhecer nossas falhas não para nos punirmos ou nos resignarmos a elas, mas para superá-las pela graça de Deus. Aceitar passivamente a dor como vítimas não é mais uma escolha para nós.

No texto de Êxodo 20:24, Deus instrui Moisés sobre como construir um altar para Ele. A passagem diz o seguinte: *Far-me-eis, entretanto, um altar de terra, e sobre ele sacrificareis os vossos holocaustos e os vossos sacrifícios de comunhão, as vossas ovelhas e* os vossos bois. *Em todo lugar onde Eu fizer celebrar a memória do meu Nome virei a vós e vos abençoarei.*

Hoje, nós somos esse altar de terra, onde Deus deseja que ofereçamos sacrifícios espirituais que o agradem. Isso significa mortificar nossa vontade e nossos interesses pessoais, para que possamos celebrar a vitória de Deus em nossas vidas. Assim como o altar antigo era simples e sem adornos, nossa entrega a Deus deve ser pura e despretensiosa, refletindo uma obediência sincera e um coração rendido. Esse sacrifício não se limita a rituais externos, mas abrange todo o nosso ser.

No versículo 25, Deus diz: *Se me edificardes um altar de pedra não o fareis de pedras lavradas, porque se levantardes sobre ele o cinzel, vós o estareis profanando.*

Isso significa que qualquer tentativa de modificar as pedras usando ferramentas humanas resultaria em um altar adulterado. Deus deseja que nos apresentemos diante d'Ele com a verdade de nossa alma, sem máscaras, sem modificações. Ele valoriza a sinceridade e a autenticidade de nossas ofertas.

O versículo 26 diz: *Nem fazei o meu altar com degraus, para evitar que ao subirdes vossa nudez seja ali exposta.* Subir por degraus poderia simbolizar uma elevação indevida de si mesmo. O desejo de elevar-se profana o altar, remetendo à tentação de "ser como Deus". É em momentos como esse que expomos, de modo desrespeitoso e impuro, a própria nudez por completo.

Precisamos aprender a desaprender. A pedra esculpida demonstra sua forma final, inflexível à transformação, enquanto o barro permanece receptivo, aberto a ser moldado e transformado continuamente.

É bem verdade que muitas vezes as influências que moldam nossas vidas permanecem ocultas, agindo no inconsciente. O que inicialmente rejeitamos pode, com o tempo, infiltrar-se em nossos comportamentos e modos de vida, alterando nosso destino. Mesmo resistindo a certas ideias ou valores, eles podem secretamente transformar nossa perspectiva e identidade. O que uma vez repudiamos pode se tornar parte integrante de nosso ser, deixando marcas que só podemos identificar ao olhar para trás.

Como pedras esculpidas, continuamos escalando os degraus da vida. Porém, em certos momentos, aquilo que lutamos tanto para ocultar é exposto, como se todos ao nosso redor pudessem agora ver claramente nossa intimidade. Quantas vezes nos encontramos desnudos diante do olhar implacável da vida? Mesmo envoltos em vestes fictícias, somos confrontados por perguntas silenciosas que nos lembram da nossa nudez interior. É como se, ao longo do tempo, alguém ou algo tivesse puxado as folhas que ocultavam o que tanto queríamos esconder. Diante desse espelho da alma, somos compelidos a lidar com a exposição das consequências, desprotegidos e vulneráveis.

Exatamente aquilo que mais eu temia desabou sobre minha cabeça, e o que mais me dava medo veio me assombrar. (Jó 3:25)

Jó está refletindo sobre a magnitude de seu sofrimento e a profundidade de sua angústia. Ele revela que suas piores ansiedades e medos se concretizaram.

Uma forma de compreender nossas tendências é olhando para nossa história, mas isso não significa ficar aprisionado no passado, tampouco procurando culpados; ao contrário, é apenas uma maneira de compreender o presente. É como lançar uma luz investigativa sobre os mistérios do hoje, aceitando com coragem que o passado é imutável, mas o presente é alterável.

Ao olharmos para trás, podemos encontrar dores que preferiríamos evitar, não criadas por distorções, mas provenientes de fatos reais. O abuso físico, emocional, o abandono, as perdas – essas experiências realmente aconteceram e não é possível ignorar essa realidade.

Ao explorarmos nossa linhagem e antecedentes, podemos chegar em histórias triste e terríveis, violência, pedofilia, prisões, miséria, fome, prostituição, fracassos, separações, entre tantas outras.

Precisamos enxergar nossas dores como ruínas, que, por meio de Cristo, podem ser restauradas. Como está escrito em Isaías 61:4: *"Eles reconstruirão os lugares arruinados da antiguidade, restaurarão os lugares devastados de gerações em gerações."* Essa promessa nos lembra que, mesmo quando tudo parece perdido, Deus nos chama para reconstruir, transformar e restaurar, trazendo nova vida sobre o que foi destruído. Cristo é o alicerce que nos permite erguer o que estava em ruínas e reconstruir nossa vida sobre Sua rocha firme.

Com essa compreensão, percebemos que temos o poder de reescrever nossa própria história a partir das escolhas que fazemos no presente, independentemente das circunstâncias passadas. Cada escolha é uma oportunidade de construir um futuro diferente, alinhado com nossos valores e visão de uma vida plena e saudável.

Certo dia, os discípulos de Jesus encontram um homem cego de nascença e presumem que sua condição era resultado de pecados, podendo ser dele próprio ou de seus pais. No entanto, Jesus os corrige, explicando que a condição do homem não é resultado direto de pecado, mas sim uma oportunidade para que a glória de Deus seja revelada por meio de uma obra miraculosa.

Jesus lhes respondeu: "Nem ele pecou, nem seus pais; mas foi para que as obras de Deus fossem reveladas na vida dele". (João 9:3)

É preciso aprender a interpretar as dificuldades da vida. Na perspectiva de Jesus, situações de dor e perda são oportunas para demonstrar seu poder e amor por meio de milagres e transformações. Assim, ao invés de nutrir sentimentos negativos, é essencial acreditar que não importa quem errou, se errou ou se erramos, Deus pode usar qualquer situação para glória Dele.

O inimigo pode plantar na mente de alguém a ideia de que é fruto do pecado, que não é nada mais que um erro, e se sente destinado a carregar um fardo dessa maldição. Esses pensamentos podem levar alguém a acreditar que é material descartável, sem esperança. Contudo, mesmo diante da realidade dos fatos, essas experiências podem ser moldadas pela mão de Deus.

Nosso Pai celestial tem o poder não apenas de restaurar, mas de transformar o que a sociedade muitas vezes considera perdido e sem valor em algo de grande preciosidade. Ele é capaz de redimir e dar novo propósito até mesmo às situações mais desesperadoras, revelando o valor divino escondido em cada vida.

Assim como o habilidoso toque de um oleiro molda o barro cru em um vaso belo e útil, Deus é capaz de nos transformar em testemunhas vivas de Sua graça. Se eu me disponho como um altar de barro, tenho a chance de sempre ser consertado e melhorado.

Nosso propósito de vida muitas vezes se revela na exploração corajosa das áreas mais sombrias de nossa história. Entre os escombros das falhas e dores, encontramos a oportunidade de reconstruir o que foi destruído. As limitações, nossas e dos nossos antepassados, podem servir como matéria-prima para milagres.

Deus pode usar os momentos de maior dor e sofrimento para gerar testemunhos poderosos. As cicatrizes que carregamos são sinais visíveis da ação divina, lembrando-nos que, mesmo nas tempestades mais ferozes, Deus está presente, convertendo a maldição em bênção, dores em crescimento e fraquezas em força. Essa transformação não para em nós, mas alcança a geração presente e futura. Para isso, precisamos admitir sermos barro.

O rei Jotão é descrito como alguém que fez o que era reto aos olhos do Senhor, porém sua história é marcada pela inércia diante do passado. Ele não removeu os altares idólatras, permitindo que o povo continuasse em práticas contrárias aos preceitos divinos. Essa atitude revela uma certa complacência, uma falta de compromisso em confrontar as influências negativas do passado e estabelecer uma verdadeira reforma espiritual.

Por vezes, refletimos sobre nossas vidas e reconhecemos a necessidade de ajustes, mas falhamos em agir de forma decisiva e, mesmo quando temos recursos e capacidade para auxiliar outros, nos contentamos em cuidar apenas de nossos interesses imediatos, ignorando as necessidades do próximo. Às vezes fazemos isso por passividade, egoísmo ou rancor.

Já o rei Ezequias agiu de maneira diferente. Além de fazer o que ele deveria fazer por ele, também reparou a casa do Senhor, desfazendo os altares erguidos por seus antecessores, uma atitude que impactou diretamente o reino de Judá.

Tenho, pois, agora, em meu coração, o firme desejo de estabelecer uma aliança com Yahweh, o SENHOR Deus de Israel, para que o fogo do seu juízo e de sua ira se afastem de sobre todos nós. (II Crônicas 29:10)

Observe a atitude do rei Ezequias quando ele declara: *"Estou decidido a fazer uma aliança com o Senhor, para que desvie de nós"* – ele fala no coletivo.

Ao ler Daniel 9, temos um exemplo desse princípio. O capítulo começa mencionando que no primeiro ano de Dario, filho de Xerxes (Assuero), Daniel percebeu pelas Escrituras, especificamente pelas profecias de Jeremias, que a desolação de Jerusalém duraria setenta anos. Daniel volta seu rosto para Deus, em oração e súplicas, com jejum, vestindo-se de pano de saco e cobrindo-se de cinzas, um sinal de profundo arrependimento, e faz uma oração de remissão.

Ele confessa os pecados de Israel, reconhecendo que o povo desobedeceu aos mandamentos de Deus e não deu ouvidos aos profetas. Admite a justiça de Deus em permitir o sofrimento, e a dispersão do povo de Israel como consequência de seus pecados, uma vez que a aliança foi quebrada.

Como está escrito na Torá, Lei de Moisés, toda esta desgraça nos sobreveio; e ainda assim não temos buscado o favor de Yahweh, o nosso Deus, afastando-nos de nossas malignidades e obedecendo à tua Verdade. (Daniel 9:13)

Mas implora pela misericórdia de Deus, pedindo que Ele volte Seu rosto favorável para o santuário desolado de Jerusalém. Ele pede que Deus ouça suas orações e olhe com compaixão para a cidade que leva Seu nome, ele não ora apenas por ele, mas por todo Israel.

18 Inclina, pois, os teus ouvidos, ó Elohim, meu Deus, e ouve este apelo; abre os teus olhos e observa a completa ruína da Cidade que leva o teu Nome; porquanto não lançamos nossos rogos diante da tua face acreditando de alguma maneira em nossos atos de justiça, mas confiados em teu imenso favor e misericórdia.

19 Sendo assim, ó Adonai, ouve! Ó Eterno, perdoa! Ó SENHOR, vê e age! Por amor de ti, meu Deus, atende-nos sem tardar, pois a tua Cidade e o teu povo levam o teu Nome!

A oração de remissão é uma súplica a Deus pedindo o perdão dos pecados e a restauração da relação com Ele. No contexto bíblico, "remissão" refere-se ao perdão ou absolvição dos pecados, limpando a culpa e permitindo a reconciliação com Deus. Muitas vezes, sofremos por erros cometidos por outras pessoas. Nessa situação, precisamos perdoar aqueles que nos impactaram e pedir ao Senhor que também os perdoe. Além disso, é essencial identificar onde nós mesmos falhamos e nos arrepender.

Ao perdoar os outros e pedir perdão por nossos próprios pecados, estamos nos alinhando com a vontade de Deus e permitindo que o efeito repique positivo tome lugar em nossas vidas. Assim como comportamentos ruins desencadeiam uma série de consequências negativas, comportamentos bons, como o perdão e o arrependimento, podem desencadear ondas de cura e restauração que se propagam ao longo do tempo.

Aprender a desaprender é tão relevante quanto aprender a saber. Os mandamentos de Deus devem ser cumpridos e jamais questionados; não se trata apenas de entender, mas de confiar. É sobre desaprender o que o tempo de escravidão nos ensinou e aprender a viver uma nova realidade com Cristo. É quebrar as ondas das maldições para receber as ondas das bênçãos que são liberadas na fidelidade.

Um relacionamento não resiste apenas com declarações de amor frequentes; ele precisa de demonstrações de amor verdadeiro. E a forma de demonstrar amor é sendo fiel. Ao abraçarmos essa verdade, nos tornamos faróis de esperança, testemunhando ao mundo a bondade e a fidelidade de Deus.

Nossa missão se revela em transmutar a maldição em benção, a dor em cura, e as feridas em cicatrizes. Assim, cada cicatriz se torna uma prova viva da graça e do poder transformador de Deus.

CAPÍTULO 9

AINDA TEM GRAÇA

*Fez Yahweh Deus túnicas de pele e com
elas vestiu Adão e Eva, sua mulher.*

(Gênesis 2:21)

    A percepção de uma lacuna surge quando nossas expectativas são frustradas ou quando percebemos uma grande distância entre nossas aspirações e a realidade. Esses conflitos geram emoções intensas e, diante delas, buscamos formas de atenuá-las. Foi o que aconteceu com Adão e Eva: ao comerem o fruto, perceberam que a promessa 'do' serpente não se cumpriu, despertando uma necessidade que antes não existia.

    Agora eles teriam que lidar com o fato de terem traído a confiança do seu criador e a frustração de terem sido enganados, o que resultou uma busca autônoma por soluções, resultando em sentimentos de desconexão.

    Confrontar a opinião de alguém e descobrir que estamos errados é uma experiência embaraçosa. Um erro por desobediência pode gerar um turbilhão de consequências emocionais. A sensação de ter ultrapassado limites estabelecidos, seja por princípios morais, espirituais ou sociais, frequentemente desencadeia um profundo sentimento de culpa e arrependimento. Esse peso emocional se transforma em autocondenação, alimentando o medo de enfrentar as repercussões e o julgamento. A vergonha por falhar em seguir o que se sabia ser correto pode corroer a autoconfiança, gerando insegurança e uma constante autocrítica.

Nesse contexto, o orgulho se ergue como uma barreira protetora para evitar a admissão da falha. Diante do desconforto causado pela culpa e pela vergonha, o orgulho atua como um mecanismo de defesa, ocultando a vulnerabilidade e evitando o confronto com as próprias limitações. Ele cria uma fachada que mascara o erro, tentando preservar a autoestima e evitar a dor das consequências. Contudo, ao invés de oferecer verdadeira proteção, o orgulho aprisiona, dificultando a cura e a reconciliação.

Instintivamente, buscamos soluções tangíveis, acreditando que podemos resolver e controlar tudo sozinhos. Temos receio de entregar nossas vidas a Deus, pois isso significa admitir a falha, abrir mão do controle e enfrentar a sensação de perda. Reconhecer nossa limitação é confrontar o fracasso e aceitar que nossa capacidade é finita. Esse ato de fé exige que nos esvaziemos de nossos conceitos e crenças, permitindo que Deus atue à Sua maneira. Envolve crer sem ver, exigindo uma confiança profunda e a aceitação da nossa fragilidade.

O orgulho e o medo frequentemente se inter-relacionam de maneiras complexas. Muitas vezes, o orgulho serve como uma fachada para ocultar medos e inseguranças profundas. Quando alguém teme a rejeição ou o fracasso, pode exibir comportamentos orgulhosos para desviar a atenção de suas vulnerabilidades. Mostrar desdém ou superioridade pode ser uma forma de esconder essas inseguranças.

O medo de ser vulnerável é uma das razões principais para o surgimento do orgulho. Pessoas orgulhosas podem evitar buscar ajuda por receio de parecerem fracas ou incompetentes, ou de serem julgadas. O orgulho também pode surgir do desejo de manter o controle sobre a imagem que projetamos para os outros. Manter uma atitude orgulhosa pode ser uma tentativa de controlar como somos percebidos e tratados.

Assim, o orgulho e o medo caminham lado a lado, com o orgulho frequentemente ocultando medos profundos e inseguranças. Remover essa máscara é como se despir, revelando a vulnerabilidade e as imperfeições que estão por trás da fachada.

Chega um momento em que simplesmente cobrir a nudez já não é o bastante. Para Adão, ao ouvir a voz de Deus, ficou claro que a folha de figueira não resolvia a questão; um profundo temor o envolveu. Esse temor era a consciência de seu erro e a percepção dolorosa de quem ele havia se tornado diante da santidade absoluta de Deus – uma sensação de inadequação e de que algo essencial havia sido perdido. Adão sentia-se nu, incompleto e incapaz de alcançar a perfeição e plenitude que antes possuía.

Os relatos bíblicos mostram que ninguém consegue se apresentar diante da glória e santidade de Deus em sua condição adâmica sem reconhecer seu pecado e sentir um profundo temor.

Todo o povo, vendo os trovões e os relâmpagos, o som do shofar, a trombeta, e a montanha fumegante, sentiu grande pavor e procurou manter-se afastado. Rogaram a Moisés: "Fala-nos tu, e nós ouviremos; não nos fale diretamente Yahweh, para que não morramos!" Moisés encorajou o povo, dizendo: "Não temais. Deus veio para vos provar e para que o seu temor esteja entre vós, e não pequeis". O povo ficou longe; e Moisés aproximou-se da nuvem escura, onde Deus estava. (Êxodo 20:18-21)

Assim como Adão, que ao ouvir a voz de Deus percebeu sua nudez e, tomado pelo temor, tentou se esconder, o povo de Israel também experimentou esse pavor diante da santidade divina. Ao ver os trovões, relâmpagos e o monte fumegante, buscaram refugiar-se atrás de Moisés, incapazes de encarar diretamente o Senhor. A santidade de Deus, em sua pureza absoluta, desnuda o coração humano, expondo a corrupção que nele habita e revelando a morte como a consequência inevitável do pecado.

Naquele encontro com Deus, Adão compreendeu que, em seu estado atual, não poderia sobreviver diante da majestade divina apenas se escondendo atrás de folhas de figueira. Diante do olhar penetrante de Deus, nenhuma proteção ilusória se sustenta. A grandeza de Sua presença expõe não apenas nossas falhas, mas a insuficiência de qualquer esforço humano para encobri-las.

As manifestações que o povo hebreu testemunhou impactaram profundamente sua estrutura espiritual. Relâmpagos, trovões e o monte envolto em fumaça não eram meros sinais externos, mas um chamado à purificação interior, que exigia deles o esvaziar-se de si mesmos. Contudo, ao se depararem com a santidade de Deus, perceberam-se despreparados para um encontro tão transformador.

Ficar atrás de Moisés parecia uma opção mais segura diante do temor que os consumia. Ao pedirem que ele fosse o intermediário entre eles e Deus, estavam, na verdade, buscando ocultar-se, como quem tenta cobrir a própria nudez para evitar a exposição de sua fragilidade. Esse desejo de esconder-se revelava não apenas o medo de enfrentar a majestade divina, mas também a resistência em abandonar o controle que ainda desejavam manter sobre suas vidas.

Outros relatos bíblicos ilustram de forma vívida como a glória de Deus inspira um profundo temor, revelando a fragilidade e a limitação da condição humana diante de Sua perfeição e majestade. Esses encontros com o divino não apenas expõem nossa pequenez, mas também nos confrontam com a realidade da santidade de Deus, despertando um reconhecimento da distância que o pecado cria entre o Criador e Suas criaturas.

Isaías, ao ter uma visão da santidade de Deus, exclamou:

"Ai de mim, não tenho salvação! Porquanto sou um homem de lábios impuros e vivo no meio de um povo de lábios impuros; e os meus olhos contemplaram o Rei, o SENHOR dos Exércitos!"! (Isaías 6:5)

João, o apóstolo, no livro do Apocalipse, descreve sua reação após contemplar a santidade de Deus:

Assim que o admirei, caí a seus pés como se estivesse morto. Então, Ele colocou sua mão direita sobre mim, e disse: "Não tenhas medo, Eu Sou o primeiro e o último". (Apocalipse 1:17)

Paulo, no caminho para Damasco, teve uma experiência transformadora quando uma luz celestial o cercou e ele ouviu a voz de Jesus.

Entretanto, durante sua viagem, quando se aproximava de Damasco, subitamente uma intensa luz, vinda do céu, resplandeceu ao seu redor. Então, ele caiu por terra e ouviu uma voz que lhe afirmava: "Saul, Saul, por que me persegues?" Ao que ele inquiriu: "Quem és, Senhor?" E Ele disse: "Eu Sou Jesus, a quem tu persegues; contudo, levanta-te e entra na cidade, pois lá alguém te revelará o que deves realizar. (Atos 9:3-6)

Ezequiel teve visões vívidas da glória de Deus e caiu com o rosto em terra diante da presença divina.

O aspecto geral do fulgor ao seu redor lembrava o aspecto de um forte arco-íris, quando a chuva passa e o sol surge por detrás das nuvens. Assim era todo o esplendor ao seu redor. Esta, pois, era a aparência da glória de Yahweh, o SENHOR. Quando contemplei tudo isso, prostrei-me, com o rosto rente ao pó da terra; foi quando ouvi uma voz a me chamar. (Ezequiel 1:28)

Diante de Sua grandeza, é impossível manter qualquer altivez. Sua presença penetra até as camadas mais profundas de nossa alma, expondo nossas fraquezas e nos humilhando até nos sentirmos como mortos diante d'Ele. A magnitude de Seu amor, a imensidão de Sua sabedoria e a infinidade de Sua misericórdia nos deixam sem palavras, convidando-nos a uma postura de humildade e adoração.

Expor-se à santidade de Deus pode ser comparado, de maneira limitada, à experiência de alguém que, após um acidente, enfrenta músculos atrofiados. Na fisioterapia, o esforço para recuperar a mobilidade e a força pode ser intensamente doloroso e desgastante. Alguns podem até optar por abandonar o tratamento, pois a dor da reabilitação pode superar o desejo de cura. Da mesma forma, diante da santidade de Deus, o processo de reabilitação espiritual pode parecer insuportável. Os sulcos da depravação e do pecado podem ser tão profundos que alguns hesitam em confrontá-los. A dor do processo de cura pode ser tão intensa que, às vezes, parece mais fácil permanecer na condição de doente. Enxergar Cristo frequentemente revela a imoralidade interior e, muitas vezes, essa revelação é dolorosa demais para ser enfrentada. A graça é tão valiosa porque, à medida que nos aproximamos de Deus, nos tornamos cada vez mais conscientes de nossa inadequação. Essa consciência pode, se não for bem administrada, levar a um sentimento esmagador de insuficiência, pois nunca seremos bons o suficiente para merecer a bondade divina ou alcançar um estado de santidade. A chave é entender que a graça é um presente que nos capacita e transforma, permitindo-nos ser aceitos diante de Deus, mesmo em nossa imperfeição.

Deus não tem prazer em nos humilhar; o processo é necessário para reparar as cicatrizes do Éden e revelar nossa verdadeira condição. Em um ato de amor, Deus nos ajuda a perceber que precisamos entregar a Ele nossas vestes inadequadas para que possamos receber vestes novas. Deus atendeu à necessidade de Adão e Eva ao providenciar túnicas de pele, substituindo as frágeis folhas de figueira que haviam buscado. Esse gesto mostra que, apesar da desobediência e da queda, Deus não abandonou Sua criação, mas continuou a demonstrar Seu cuidado e providência.

Para confeccionar as túnicas de pele, um animal precisou ser sacrificado. Esse ato divino é frequentemente interpretado como o primeiro sacrifício mencionado na Bíblia, prenunciando o sacrifício futuro de Jesus Cristo. O plano de Deus para a salvação, por meio do sacrifício de Jesus, não foi uma resposta improvisada aos eventos humanos, mas um propósito eterno, estabelecido antes mesmo da criação do mundo.

A Bíblia ensina que "o salário do pecado é a morte" (Romanos 6:23), significando que o pecado resulta na morte espiritual e na separação de Deus. Essa é a lei que precisava ser cumprida. Devido a isso, antes mesmo da criação do mundo, Deus já havia planejado a redenção da humanidade pelo sacrifício de Jesus Cristo, o Cordeiro de Deus.

Mas fostes resgatados pelo precioso sangue de Cristo, como de Cordeiro sem mácula ou defeito algum, conhecido, de fato, antes da criação do mundo, porém revelado nestes últimos tempos em vosso favor. (1 Pedro 1:19-20)

Esse plano de redenção ressalta a justiça de Deus, que não pode ignorar o pecado, mas também Seu amor, que oferece uma solução para o problema do pecado através de Cristo. A liberdade humana, embora permita a escolha do afastamento de Deus pelo pecado, não anula o plano de redenção divino. Pelo contrário, o amor de Deus se manifesta na provisão de um caminho para restauração, mostrando Sua disposição de permitir que a humanidade, mesmo falha, ao se arrepender seja reconciliada com Ele por meio da fé em Jesus.

Em Hebreus 10:4, lemos que *"é impossível que o sangue de touros e bodes tire pecados"*. Somente o próprio Deus, em Sua perfeição e santidade, poderia oferecer um sacrifício que satisfizesse completamente a justiça divina.

E por essa determinação, fomos santificados por meio da oferta do corpo de Jesus Cristo, feita de uma vez por todas. (Hebreus 10:10)

Jesus, sendo Deus, renunciou à Sua glória e desceu ao nível humano para experimentar todas as dores, desejos e tentações, garantindo que Seu sacrifício fosse plenamente válido. Assim como alguém que busca diligentemente uma moeda preciosa perdida, Jesus veio ao mundo para recuperar a dracma da inocência perdida no jardim, bem como todas as outras dracmas que perdemos ao longo do caminho. Dessa forma, todo aquele que se sente incompleto e busca a verdadeira plenitude pode encontrar a restauração e o preenchimento que necessita em Jesus.

Qual, tendo plenamente a natureza de Deus, não reivindicou o ser igual a Deus, mas, pelo contrário, esvaziou-se a si mesmo, assumindo plenamente a forma de servo e tornando-se semelhante aos seres humanos. Assim, na forma de homem, humilhou-se a si mesmo, entregando-se à obediência até a morte, e morte de cruz. (Filipenses 2:6-8)

Que outro Deus, além do Senhor, se dispõe a penalizar a Si mesmo para salvar a humanidade? Por meio de Jesus, Deus demonstrou Seu amor supremo ao permitir que Ele sofresse e morresse em nosso lugar.

Porque Deus amou o mundo de tal maneira que deu o seu Filho Unigênito, para que todo aquele que nele crê não pereça, mas tenha a vida eterna. (João 3:16)

A morte na cruz era a forma mais cruel e humilhante de execução da época, reservada para os piores criminosos. Estudos indicam que a crucificação causava uma dor extrema e prolongada, resultando em uma morte lenta e agonizante. Além da dor física intensa, Jesus suportou o peso do pecado de toda a humanidade, um pecado que Ele nunca cometeu.

Mas, de fato, ele foi transpassado por causa das nossas próprias culpas e transgressões, foi esmagado por conta das nossas iniquidades; o castigo que nos propiciou a paz caiu todo sobre ele, e mediante suas feridas fomos curados. (Isaías 53:5)

A crucificação era um método de execução utilizado pelos persas, cartagineses e, posteriormente, pelos romanos. Os romanos reservavam essa forma de punição para escravos, rebeldes e criminosos considerados os piores, com o objetivo de infligir uma morte lenta e dolorosa como exemplo público de justiça.

Antes da crucificação, os condenados frequentemente passavam por flagelação romana. O *flagrum*, ou *flagellum*, era um chicote com várias tiras de couro, às vezes com pedaços de metal ou ossos na ponta, usado para tortura. Após a flagelação, os condenados eram forçados a carregar o patíbulo, a trave horizontal da cruz, até o local da execução. Lá, suas mãos e pés eram pregados à cruz. No caso de Jesus, como relatado nos Evangelhos, pregos foram cravados em seus pulsos e pés.

A crucificação resultava em dor insuportável devido à perfuração dos nervos medianos nos pulsos e dos nervos plantares nos pés. Além disso, a flagelação e as perfurações causavam perda significativa de sangue, levando a um estado de choque hipovolêmico caracterizado por fraqueza extrema, sede intensa e eventual colapso cardiovascular.

A morte na cruz geralmente ocorria por insuficiência respiratória, uma vez que a posição do corpo dificultava a respiração adequada, por falência cardíaca devido ao estresse físico intenso, ou ainda por choque hipovolêmico causado pela perda de sangue.

Para os cristãos, essa terrível execução representa a mais profunda demonstração do sacrifício divino por amor à humanidade, oferecendo esperança e redenção por meio de Sua morte e ressurreição.

Enquanto muitos deuses exigem sacrifícios de sangue de seus seguidores, Jesus, em contraste, se ofereceu voluntariamente por amor. Sua morte na cruz não foi apenas um ato de expiação, mas também uma expressão suprema de amor e graça divina, revelando um novo caminho para a reconciliação entre Deus e a humanidade.

Transbordo de alegria em Yahweh, o SENHOR, a minha alma se regozija no meu Deus, porque ele me vestiu com as vestes da Salvação, cobriu-me com o manto da Justiça, como um noivo que se adorna com uma coroa sacerdotal, qual noiva que se enfeita com as mais ricas joias. (Isaías 61:10)

Para compreender plenamente a graça, é essencial reconhecer nossa fragilidade espiritual e a incapacidade de alcançar a plenitude por nossos próprios esforços. Devemos entender e aceitar o sacrifício de Jesus, que assumiu sobre si a maldição por nós, oferecendo uma nova oportunidade, mesmo sem que a merecêssemos.

Contudo, o medo pode nos fazer recuar, levando-nos a evitar a exposição necessária. O orgulho, por sua vez, ergue-se como uma barreira significativa, obscurecendo nossa percepção da realidade espiritual e impedindo-nos de reconhecer nossa total dependência de Deus. Renunciar ao suposto direito de viver segundo nossa própria vontade pode parecer um ato radical, mas que direito é esse que reivindicamos, senão o de permanecer aprisionados em uma mente adoecida e limitada?

A compreensão do sacrifício de Cristo na cruz vai além de um ato heroico; é a base de nossa fé diária. Jesus morreu para que pudéssemos reconhecer nossa condição espiritual e, ainda assim, permanecermos vivos diante de Sua santidade. Ele tomou sobre si a maldição que era nossa, pagando um preço que jamais poderíamos saldar. Assim, abriu o caminho para que, hoje, possamos não apenas enxergar quem realmente somos, mas também experimentar o perdão que nos restaura, transformando nossa maldição em verdadeira bem-aventurança.

Somos chamados a deixar de lado o medo e o orgulho e a abraçar a humildade. Essa decisão nos liberta da ilusão da autossuficiência e nos abre para uma vida de dependência confiante que só quem é verdadeiramente livre pode desfrutar. Aqueles que são escravos do medo permanecem presos na prisão do orgulho.

Os acontecimentos no Éden não são apenas um relato do passado, mas uma mensagem atemporal, carregada de lições essenciais para a humanidade. Eles nos lembram que a proposta "do serpente" permanece inalterável: a tentação de ser semelhante a Deus, como se a emancipação proporcionasse a oportunidade de estar acima do bem e do mal, e que sucumbir à tentação fosse suficiente para obter poder.

A frustração emerge quando se percebe que a proposta é enganosa, que o tudo é, na verdade, nada, e que o homem não é capaz de se autossatisfazer, pois sua verdadeira felicidade está na intimidade com o Criador, como no Jardim. Na ânsia de ter mais do que o suficiente, o homem é movido pela pulsão de morte e, ao não aceitar seu próprio fracasso, torna-se incapaz de pedir ajuda, afastando-se ainda mais da fonte de sua realização plena.

Este é o início da pulsão pela verdade: reconhecer que comemos do fruto proibido, assumir o medo que nos faz esconder e entender que, sozinhos, não temos a capacidade de resolver o abismo que criamos, um abismo que fere profundamente a alma. Cansados de nos cobrir com folhas de figueira, é imperativo desejar, com sinceridade, ser revestidos pelas vestes de justiça. Precisamos admitir que fomos iludidos na busca pela emancipação.

É fundamental entender que há uma casa à nossa espera, um Pai que aguarda com saudade, onde Sua graça nos acolhe e nos restaura, devolvendo-nos ao Seu propósito original.

CAPÍTULO 10

NECESSÁRIO É NASCER DE NOVO

> *Contudo, o vaso de barro que ele estava formando estragou-se em suas mãos; e ele o refez, moldando outro vaso de acordo com o seu desejo.*
> *(Jeremias 18:4)*

O homem foi criado com a capacidade de ter um relacionamento íntimo e de aprendizado contínuo com Deus, com potencial imenso para crescer em entendimento e comunhão com seu Criador. No entanto, sua queda e partida prematura do Éden representam a ruptura.

Era exatamente isso que o tentador esperava: que a queda resultasse no fracasso irreparável da humanidade. No entanto, o que ele não previu foi que, mesmo quebrado, o vaso permanecia nas mãos do oleiro. Isso significa que, apesar da queda e da destruição causada pelo pecado, Deus já tinha um plano: Ele estava preparado para recriar, remodelar e restaurar a humanidade mediante a redenção provida por Jesus Cristo.

Refazer implica realizar novamente algo que foi feito anteriormente, muitas vezes com a intenção de corrigir eventuais erros ou inadequações. Ao refazer, aquilo que estava velho ou danificado torna-se algo novo. É como uma casa que, após a reforma, não se caracteriza mais como uma casa velha, mas como uma casa nova, transformada e renovada.

Jesus respondeu-lhe, declarando: "Em verdade, em verdade te asseguro que, se alguém não nascer de novo, não pode ver o reino de Deus". (João 3:3)

Essa foi a resposta de Jesus a Nicodemos, um fariseu e membro do Sinédrio, que procurou Jesus à noite para perguntar sobre como alcançar a vida eterna. Nicodemos estava intrigado com os ensinamentos de Jesus e queria entender como obter a salvação. A resposta de Jesus, *"nascer de novo"*.

A resposta de Jesus a esse homem continua a nos intrigar e desafiar até hoje, levantando um dilema comum a todos nós: como deixar para trás tudo o que carregamos e aprendemos até agora para renascer? Em algum momento, todos desejamos um *"reset"* na vida, recomeçar sem o peso das experiências passadas ou dos erros cometidos. No entanto, a vida não nos permite apagar o passado como se fosse um arquivo digital.

Arrazoou Jesus: "Em verdade, em verdade te asseguro: quem não nascer da água e do Espírito não pode entrar no reino de Deus". (João 3:5)

Nicodemos, confuso, questiona como isso seria possível. Jesus explica que esse renascimento não é físico, mas espiritual. A água simboliza a purificação e renovação oferecidas pela palavra de Deus e é expressa pela metanóia, que representa uma profunda transformação de mente. Metanoia envolve um arrependimento genuíno e uma mudança completa de perspectiva e atitude.

Palavra de Yahweh, o SENHOR, que veio a Jeremias, orientando: "Dispõe-te, e desce à casa do oleiro e lá receberás a minha mensagem!" Desci à casa do oleiro e eis que lá estava ele: concentrado na confecção de sua obra sobre uma roda de madeira. Contudo, o vaso de barro que ele estava formando estragou-se em suas mãos;

e ele o refez, moldando outro vaso de acordo com o seu desejo. (Jeremias 18:1-4)

Assim como Jeremias, ao lermos a passagem bíblica, somos transportados para uma olaria. Na olaria, o processo de criação de um vaso de barro é uma interação harmônica entre o artesão e o material bruto. A jornada começa com a seleção cuidadosa do barro, escolhido não apenas pela textura e maleabilidade, mas também pela capacidade de se transformar em algo belo e funcional. Com mãos experientes, o oleiro inicia o trabalho, suavizando e moldando o barro na roda giratória, transformando-o com precisão e habilidade.

Primeiro, o artesão centraliza o barro na roda, ciente de que a posição exata é crucial para o sucesso do processo. Se o barro estiver mal colocado, pode comprometer toda a criação. Assim, o artesão dedica atenção meticulosa para garantir que o barro esteja equilibrado e pronto para ser moldado. Com toques precisos e suaves, ele começa a pressionar o barro, esboçando os contornos básicos do vaso. À medida que a forma emerge, o oleiro refina os detalhes e aprimora os acabamentos, cada gesto carregado de cuidado e dedicação. O artesão se entrega completamente ao processo, moldando o barro com amor e habilidade.

No entanto, mesmo com toda a habilidade do oleiro, há momentos em que o vaso pode se quebrar. Isso ocorre por vários motivos, sendo um deles a fragilidade do material.

Grande parte da nossa vida psíquica está oculta no inconsciente. Esse inconsciente é dividido em duas partes: o inconsciente pessoal e o inconsciente coletivo. O inconsciente pessoal está mais próximo da superfície da mente consciente e é formado por experiências individuais. São memórias, desejos e sentimentos que foram esquecidos ou reprimidos, mas que ainda influenciam nosso comportamento e emoções. Como um trauma de infância, embora esquecido, ainda pode afetar nossas reações e decisões na vida adulta.

Já o inconsciente coletivo reside em uma camada mais profunda da psique, conectando todos os seres humanos por meio de padrões e imagens arquetípicas universais, como símbolos e mitos presentes em diversas culturas. Esses arquétipos influenciam profundamente nossa percepção, comportamento e desenvolvimento psicológico, funcionando como um pano de fundo que molda a experiência humana. No contexto cristão, o trauma do Éden continua a ressoar profundamente em nossa psique coletiva, independentemente do credo. Esse trauma molda nossa compreensão do pecado, da culpa e da busca pela redenção.

A fragilidade surge quando esses conflitos inconscientes emergem. Quando desejos reprimidos e tensões internas não resolvidas vêm à tona, podem causar rupturas no equilíbrio psicológico, tornando a psique vulnerável. Assim como um vaso de barro que parecia inteiro pode se quebrar devido à fraqueza do material, nossas mentes podem experimentar momentos de fragilidade quando essas tensões internas não são adequadamente reconhecidas e manejadas.

Outra razão para a quebra do vaso é a aplicação excessiva de pressão. Ao forçar demais o barro durante a moldagem, podem surgir rachaduras ou rupturas. Isso nos leva a refletir sobre a proposta do tentador a Eva, que a levou a enfrentar dois desafios que estavam além de sua capacidade: tornar-se como Deus e conhecer o bem e o mal. Foi como se o tentador estivesse aplicando uma força desproporcional, um peso excessivo sobre o barro, ultrapassando os limites de sua capacidade de suportar.

A consistência adequada do barro é crucial para sua moldagem. Se o barro estiver muito seco ou excessivamente úmido, pode se quebrar durante a manipulação devido à fragilidade resultante de um desequilíbrio na umidade.

A água simboliza a palavra de Deus, e sua importância pode ser comparada ao orvalho, vital para as plantas. O orvalho, formado pela condensação do vapor de água durante a noite, é essencial em regiões com pouca ou nenhuma chuva prolongada. Ele fornece a umidade necessária para que as plantas absorvam água e nutrientes, promovendo seu crescimento e saúde. Além disso, regula a temperatura das plantas em noites frias, criando uma camada protetora que reduz o estresse térmico e contribui para seu equilíbrio.

Assim como um vaso pode se romper pela falta ou excesso de umidade, nós também não resistimos quando há ausência da palavra ou um excesso de sua aplicação superficial. Quando a palavra de Deus é reduzida a mera letra, torna-se excessiva e não vivifica espiritualmente. A acumulação de conhecimento, se meramente intelectual ou legalista, gera desequilíbrio e leva a ruptura.

Ele nos capacitou para sermos ministros de uma nova aliança, não da letra, mas do Espírito; porquanto a letra mata, mas o Espírito vivifica! A relevância da Nova Aliança. (2 Coríntios 3:6)

Em Ezequiel 37, Deus leva o profeta Ezequiel a um vale cheio de ossos secos. Ele o faz passar por entre os ossos e observar a vasta quantidade deles, representando a nação de Israel em desesperança e desolação espiritual. Deus então pergunta a Ezequiel:

"Filho do homem, poderão reviver esses ossos secos?" Ezequiel, percebendo a profundidade do estado de morte e responde: "Ó Soberano Senhor, só tu o sabes".

A palavra de Deus pode ser entendida de duas formas principais: logos e rhema.

Logos é a Palavra de Deus em seu sentido geral e universal. Podemos pensar no logos como a Palavra escrita na Bíblia, que revela a verdade eterna de Deus. É como um livro de instruções que nos ensina sobre a vontade e o caráter de Deus de maneira ampla e imutável. O logos é a base da nossa compreensão da fé cristã e abrange todos os princípios fundamentais que Deus quer que saibamos.

João 1:1: *"No princípio era o Verbo (Logos), e o Verbo estava com Deus, e o Verbo era Deus."* Aqui, logos se refere a Jesus Cristo, a Palavra encarnada. A Bíblia como um todo pode ser vista como logos, a revelação completa e escrita de Deus.

Rhema refere-se à Palavra de Deus falada e aplicada de forma específica a uma situação ou pessoa. É a palavra viva e ativa que Deus comunica diretamente ao coração de alguém em um momento particular, trazendo revelação, direção ou encorajamento específico.

Jesus, porém, afirmou-lhe: "Está escrito: 'Nem só de pão viverá o homem, mas de toda a palavra que sai da boca de Deus'". (Mateus 4:4)

Nesse texto, Jesus utiliza a palavra logos, a palavra escrita e eterna, e a transforma em *rhema*, a palavra viva e específica, aplicando-a a uma situação concreta com a compreensão de que ela possui o poder de resolver qualquer desafio.

No texto de Ezequiel 37, encontramos o poder da palavra "*rhema*", que se refere à mensagem específica de Deus para uma necessidade imediata. Essa revelação divina, frequentemente recebida por meio da oração, meditação ou de forma profética, libera poder e orientação direta por meio da fala:

Então Ele me disse: "Profetize a esses ossos e diga-lhes: 'Ossos secos, ouçam a palavra do Senhor!

Deus ordena a Ezequiel que profetize sobre os ossos secos, algo que na realidade humana parece improvável, mas na dimensão divina carrega poder transformador. As palavras de Ezequiel não eram meramente naturais, mas cheias de poder, trazendo vida onde antes havia apenas morte e desolação. À medida que Ezequiel profetizava, o vale começava a se movimentar, e a palavra *"rhema"* trazia nutrição e renovação para aquele lugar árido e seco.

"*E eu profetizei conforme a ordem recebida. E, enquanto profetizava, houve um barulho, um som de chocalho, e os ossos se juntaram, osso com osso. Olhei, e os ossos foram cobertos de tendões e de carne.*"

Mas a obra ainda não estava concluída; faltava vida. O processo precisava continuar. Então, Deus ordenou a Ezequiel que prosseguisse profetizando, trazendo vida por meio de suas palavras. Isso nos ensina que a palavra *"rhema"* deve ser liberada até que a obra esteja concluída. O *"rhema"* tem o poder de criar e trazer à existência o que não existe, assim como o Criador formou o universo com o poder de Sua palavra, Ele nos instrui a agir com essa mesma autoridade e fé.

A seguir ele me disse: "Profetize ao espírito; profetize, filho do homem, e diga-lhe: 'Assim diz o Soberano Senhor: Venha desde os quatro ventos, ó espírito, e sopre dentro desses mortos, para que vivam'. Profetizei conforme a ordem recebida, e o espírito entrou neles; eles receberam vida e se puseram de pé. Era um exército enorme!"

Muitas vezes, as palavras que saem de nossas bocas diante de cenários caóticos são de desânimo, desesperança e falta de fé. No entanto, o Senhor nos ensina o poder da palavra *"rhema"*. Ele nos instrui a profetizar, mesmo quando tudo parece perdido. Devemos profetizar até que a desolação se transforme em vida, até que o corpo enfermo se torne saudável e até que a ruína dê lugar à restauração.

Devemos declarar reconciliação e restauração em laços quebrados e conflitos familiares, assim como provisão e prosperidade onde há falta e necessidade. Devemos invocar paz e tranquilidade sobre mentes angustiadas e corações atribulados, e profetizar transformação e revitalização em comunidades e cidades desoladas. É necessário profetizar o cumprimento de sonhos e aspirações diante de realidades que parecem inalcançáveis. Profetiza, oh filho do homem!

A palavra profética só pode estar em nossos lábios quando a palavra "logos" estiver diante de nossos olhos, servindo como luz e verdade. Assim como um vaso precisa de uma dose exata de água para sua sobrevivência na roda do oleiro, nós também precisamos da palavra diária para nos manter inteiros nas mãos do Oleiro.

Outra forma de quebra do vaso pode ocorrer quando ele é removido da roda antes do tempo, resultando em danos estruturais significativos. Sair do lugar que Deus te colocou para resolver questões que não te competem, não lhe foram destinadas ou não é o momento certo certamente resultará em ruptura. Um exemplo disso é a postura de Saul, o primeiro rei de Israel. Embora Saul tenha sido ungido para governar Israel, não lhe foi destinado o papel de sacerdote. Sua ansiedade e desejo de controle levaram-no a ultrapassar os limites estabelecidos por Deus, desrespeitando a ordem divina ao assumir a responsabilidade de oferecer sacrifícios, uma função reservada exclusivamente aos sacerdotes.

Saul esperou Samuel chegar, mas não o tempo suficiente. Quando cedemos à ansiedade, podemos ser tentados a assumir responsabilidades ou papéis que não nos foram designados, resultando em consequências prejudiciais não apenas para nós mesmos, mas também para aqueles ao nosso redor. A ansiedade e a necessidade de controle podem nos levar a agir precipitadamente, sem confiar plenamente em Deus e em Seu plano para nossas vidas. Respeitar o tempo, o papel e o lugar que Deus nos colocou envolve confiar e esperar, mesmo quando enfrentamos incertezas ou pressões externas.

Isaías 40:31 destaca uma promessa especial para aqueles que confiam no Senhor. "Esperar no Senhor" significa depender de Deus e aguardar pacientemente Sua intervenção. Para esses, a promessa é que *Deus renovará suas forças*. Eles *"subirão com asas como águias"*, uma imagem de renovação e elevação acima das dificuldades. *Correrão e não se cansarão, e andarão e não se fatigarão*, simbolizando uma força contínua e uma capacidade de perseverar além das limitações humanas.

Sair do lugar que Deus nos designou, seja um local geográfico, uma posição ou uma postura, é como sair da roda do oleiro. Quando nos afastamos do plano de Deus para nossas vidas, desobedecendo ou agindo fora de Sua vontade, nos afastamos do cuidado divino. Isso pode resultar em danos significativos à nossa integridade e propósito, semelhante à situação do filho pródigo, que, ao se afastar do pai, perdeu a proteção e o sustento que lhe eram oferecidos.

Outra causa para a ruptura do vaso são as impurezas presentes no barro. Essas impurezas interferem no processo de moldagem, tornando o barro inflexível e mais suscetível a rachaduras e quebras.

Eis uma prescrição da Lei que Yahweh ordena. Comunica, pois, aos filhos de Israel: Que tragam a ti uma novilha vermelha sem defeito, perfeita, e que não tenha ainda sido submetida a jugo. (Números 19:2)

No Antigo Testamento, Deus estabeleceu um sistema sacrificial detalhado para o povo de Israel. Esse sistema envolvia a oferta de animais sem defeito para purificação. A exigência de um animal sem mancha representava a pureza e a perfeição exigidas por Deus, simbolizando a santidade que Ele requeria em todos os aspectos da vida dos israelitas.

Esses sacrifícios de animais sem defeito não apenas serviam para expiar os pecados temporariamente, mas também prefiguravam o sacrifício definitivo de Jesus Cristo. Ele é descrito como o Cordeiro de Deus sem pecado e sem mácula, cuja morte na cruz foi o sacrifício perfeito e completo que removeu os pecados de toda a humanidade.

"No dia seguinte, João viu a Jesus, que vinha caminhando em sua direção, e disse: 'Eis o Cordeiro de Deus, que tira o pecado do mundo!'" (João 1:29)

Quando nos apresentamos diante de Deus através de Jesus, o Cordeiro perfeito, buscando perdão pelos nossos pecados, a purificação é eficaz somente quando as falhas são reconhecidas. No Antigo Testamento, a ordem era clara: o adorador deveria declarar ao sacerdote a razão do sacrifício. Embora Jesus tenha morrido por todos os nossos pecados, para receber o perdão de forma plena e eficaz, é importante especificar os pecados que o sacrifício de Jesus está cobrindo naquele momento.

Portanto, quando alguém for culpado de qualquer uma dessas faltas, deverá confessar seu pecado. (Levítico 5:5)

A prática de confessar ao Senhor nossas limitações, falhas e erros não está obsoleta; pelo contrário, é uma instrução que permeia toda a Palavra de Deus (logos).

Se confessarmos os nossos pecados, Ele é fiel e justo para nos perdoar todos os pecados e nos purificar de qualquer injustiça. (1 João 1:9)

A palavra nos ensina que, ao nos tornarmos culpados diante de Deus, é essencial confessar nossos pecados com um coração arrependido e o desejo sincero de abandoná-los. Este versículo ressalta a importância não apenas do ritual externo, mas também da disposição interna de reconhecer nossas transgressões, buscar perdão e mudar nosso comportamento em conformidade com a vontade de Deus.

Não se engane, sacrifícios ou boas ações não são capazes de nos redimir do pecado.

Não te deleitas em sacrifícios nem te comprazes em oferendas, pois se assim fosse, eu os ofereceria. O verdadeiro e aceitável sacrifício ao Eterno é o coração contrito; um coração quebrantado e arrependido jamais será desprezado por Deus! (Salmos 51:16-17)

Hoje, ao nos apresentarmos a Deus através de Jesus, o Cordeiro perfeito, buscamos sinceramente o perdão pelos nossos pecados. Nesse encontro, é crucial que reconheçamos e exponhamos com precisão nossas falhas, sem generalizações. Em vez de enfrentarmos o castigo que merecemos - a morte espiritual -, Jesus assume o papel do Cordeiro imaculado, oferecendo redenção para nossos pecados.

A Graça divina é verdadeiramente maravilhosa, mas não elimina as consequências de nossas ações nem evita a correção necessária. A falsa doutrina da "hipergraça", promovida por falsos profetas, engana muitos dentro do povo de Deus. Seus defensores argumentam que, uma vez que fomos perdoados por Deus, não há mais condenação ou juízo sobre nós, e que qualquer ênfase em arrependimento ou santidade pode ser vista como legalismo ou uma negação da suficiência da Graça divina, ignorando a responsabilidade pessoal em viver uma vida santa e obediente a Deus.

A verdadeira Graça nos liberta da condenação que merecemos, mas não nos concede licença para viver na transgressão, ignorando nossa responsabilidade por nossos atos pecaminosos. A mudança de comportamento e um coração submisso continuam sendo requisitos essenciais para acessar o reino dos céus.

Assim como o oleiro molda o barro para criar algo belo e funcional, Deus nos molda por meio das circunstâncias da vida, com o propósito de nos transformar cada dia mais à imagem de Cristo.

Quando o vaso quebra, o oleiro não se desespera, com paciência e cuidado, ele recolhe os fragmentos e os une novamente, transformando a tragédia em triunfo.

Um oleiro é um artesão especializado na arte de moldar o barro. Ele possui habilidade e técnicas excepcionais. Além disso, é extremamente criativo, capaz de criar formas únicas que combinam beleza e funcionalidade prática. Conhece profundamente os diferentes tipos de barro, compreendendo suas propriedades e comportamentos durante o processo de queima, de modo que não há surpresas para ele. O oleiro é paciente e dedicado ao seu trabalho, disposto a refazer peças quantas vezes forem necessárias para alcançar a perfeição.

Tem sensibilidade tátil para ajustar a pressão e o movimento das mãos de acordo com as características do barro, garantindo que a peça seja moldada com precisão e delicadeza. Sua persistência se revela na busca por refinamentos e ajustes finos até que a peça atinja o padrão de excelência desejado. Além disso, o oleiro valoriza a segurança da peça final, garantindo que ela seja robusta e capaz de suportar seu uso sem comprometer sua integridade.

Após ser moldado segundo a visão do oleiro, o vaso é cuidadosamente retirado da roda, mas ainda não está pronto para uso. Ele é então colocado em um local apropriado para a secagem, onde permanece em repouso, preparando-se para a próxima etapa de seu desenvolvimento. Durante esse período, o vaso fica em um ambiente fresco e arejado, recebendo apenas o ar para sua preparação.

Se for utilizado antes de completar a secagem ou levado para a queima, o vaso corre o risco de sofrer danos irreparáveis, como deformações, rachaduras ou quebra total. A evaporação gradual da água presente no barro é essencial para solidificar o vaso e aumentar sua resistência, preparando-o adequadamente para os estágios subsequentes da criação.

Da mesma forma, a palavra de Deus é comparada à água que penetra em nós, trazendo fortalecimento. Assim como a água presente no barro se infiltra e fortalece sua estrutura, a palavra de

Deus penetra em nossos corações e mentes, solidificando gradualmente nossa fé. Ela transforma e fortalece a estrutura anteriormente frágil.

A transformação da água do estado líquido para o gasoso, por meio da evaporação, é um processo gradual. No estado líquido, a água possui um volume definido e adapta-se à forma do recipiente que a contém. Contudo, ao evaporar, ela se converte em vapor d'água, seu estado gasoso. Nesse estado, a água perde tanto a forma quanto o volume definidos, adquirindo uma notável capacidade de expansão e ocupando todo o espaço disponível no recipiente que a contém.

De forma análoga, quando a Palavra de Deus penetra em nossos corações e mentes, ela provoca uma transformação gradual e profunda. Assim como o vapor se expande para preencher todos os espaços, a Palavra, por meio do Espírito Santo, se dissemina em nosso interior, até que sejamos preparados para ser revestidos de poder.

"Eis que Eu sobre vós envio a promessa de meu Pai; contudo, permanecei na cidade, até que sejais revestidos do poder do alto!" (Lucas 24:49)

Após a secagem completa, o vaso estará pronto para o próximo estágio do processo: a queima ou cocção. Ele é submetido a altas temperaturas no forno, o que causa uma reação química no barro, transformando-o em cerâmica sólida e resistente. É um momento crucial em que o vaso passa por uma metamorfose definitiva, tornando-se pronto para cumprir seu propósito final.

E ao completar-se o dia de Pentecoste, estavam todos reunidos num só lugar. De repente, veio do céu um barulho, semelhante a um vento soprando muito forte, e esse som tomou conta de toda a Casa onde estavam assentados. Então, todos viram distribuídas entre eles línguas de fogo, e pousou uma sobre cada um deles. E todas as pessoas ali reunidas ficaram cheias do Espírito Santo, e começaram a falar em outras línguas, de acordo com o poder que o próprio Espírito lhes concedia que falassem. (Atos 2:1-4)

Quando um vaso de barro é colocado no fogo, ele passa por um processo de endurecimento. De forma semelhante, as provações que enfrentamos têm o potencial de fortalecer nossa resiliência emocional, nossa fé e nossa capacidade de lidar com adversidades. O fogo também remove impurezas, purifica aspectos de nossa vida que precisam de ajustes e promove nosso crescimento e maturidade pessoal.

Quando o vaso finalmente emerge do forno, brilha com uma beleza única e radiante. É uma obra de arte, criada com amor e dedicação. No entanto, o vaso não pode vangloriar-se, pois sua transformação é um reflexo da habilidade e paciência do oleiro, que transformou o simples barro em algo extraordinário.

Quando Jesus diz a Nicodemos que é *"necessário nascer de novo"*, Ele está dizendo é preciso ser refeito, como um vaso na mão do Oleiro.

E disse: "Com toda a certeza vos afirmo que, se não vos converterdes e não vos tornardes como crianças, de modo algum entrareis no Reino dos céus". (Mateus 18:3)

Crianças são conhecidas por sua humildade e simplicidade, confiando facilmente e mantendo um coração aberto para aprender e aceitar. Elas possuem um coração puro e sincero, aceitando as coisas com uma fé descomplicada. Elas nos ensinam sobre persistência e aprendizado contínuo, mesmo diante dos erros. Arrependem-se, pedem perdão e aprendem com suas falhas. Na sua simplicidade, podem cometer erros novamente, mas nunca desistem de tentar, pois sabem que o Pai as ama apesar de suas imperfeições.

Não há maneira mais perfeita de nos apresentarmos diante de Deus do que com o coração de uma criança: às vezes assustado, mas completamente confiante; sofrendo, mas disposto a perdoar; ferido, mas acreditando novamente. Nascer de novo é estar pronto para aprender tudo de novo, com a mesma pureza e abertura de uma criança.

Nem se põe vinho novo em odres velhos; se o fizer, os odres rebentarão, o vinho derramará e os odres se estragarão. Mas, põe-se vinho novo em odres novos, e assim ambos ficam conservados". Jesus tem poder sobre a morte. (Mateus 9:17)

Na Antiguidade, os odres eram sacos feitos de pele de animal, usados para armazenar líquidos como vinho e água. Com o tempo, os odres podiam se tornar rígidos e quebradiços perdendo sua eficácia.

Jesus ensinou que, para receber o novo e experimentar uma mudança de nível, é essencial ter um coração renovado e flexível, comparável a um odre novo. Se tentarmos receber o novo com um coração rígido, corremos o risco de perder tanto as bênçãos quanto a nós mesmos.

Eis que um ramo surgirá do tronco de Jessé e das suas raízes um rebento brotará! O Espírito de Yahweh, o SENHOR, repousará sobre ele, o Espírito que dá sabedoria e entendimento, o Espírito que traz conselho e poder, o Espírito que proporciona o verdadeiro saber, o amor e o temor do SENHOR. (Isaías 11:1-2)

O termo "odre novo", derivado do grego "kainos", que significa renovado, apresenta uma imagem poderosa do renovo prometido na linhagem de Jessé, que culmina no nascimento de Jesus Cristo. A palavra renovo não remete apenas a um novo começo, mas a uma transformação completa, uma revitalização das raízes profundas da humanidade. O renovo trazido por Jesus é pleno do Espírito Santo, que concede sabedoria, entendimento, conselho, poder, conhecimento e temor, simbolizando o 'vinho novo' que transforma e renova tudo o que toca.

O odre velho, já endurecido, não possui a elasticidade necessária para conter vinho novo. Se receber o vinho novo, os gases produzidos pela fermentação romperão o odre. Em contraste, o odre novo tem a elasticidade suficiente para acomodar o vinho em fermentação e suportar os gases sem se romper.

No entanto, um odre velho pode ser restaurado para uso se suas qualidades úteis forem renovadas. Isso nos leva a refletir que, enquanto não houver uma transformação completa na forma de pensar, o novo de Deus não poderá ser derramado em nós, pois um formato rígido e inflexível não comporta a ação transformadora do Espírito Santo.

A renovação do odre é meticulosa. Primeiro, é essencial realizar uma limpeza minuciosa, removendo toda a sujeira, resíduos e impurezas do odre, garantindo que esteja completamente limpo por dentro e por fora. Em seguida, o odre deve ser colocado na água por um tempo, permitindo que amoleça e recupere sua flexibilidade. Após isso, é necessário aplicar óleo para restaurar sua elasticidade e evitar que resseque. Finalmente, o odre vai para secagem completamente ao ar livre para receber o sopro do vento.

Então aspergirei água fresca e límpida, e ficareis purificados; Eu mesmo vos purificarei de todas as vossas impurezas e de todos os vossos ídolos. E vos darei um novo coração e derramarei um espírito novo dentro de cada um de vós; arrancarei de vós o coração de pedra e vos abençoarei com um coração de carne. (Ezequiel 36:25-26)

Somente após todo esse processo, o odre pode ser considerado novo novamente, preparado para o uso, restaurado à sua condição original.

Nascer de novo é abraçar o novo, e para isso, é preciso cultivar a esperança. A verdadeira esperança nos permite confiar no que está por vir, mesmo quando o caminho à frente parece incerto. Ela nos dá a visão para enxergar além das circunstâncias atuais, acreditando que as coisas podem, sim, melhorar. Viver o novo significa se abrir para o desconhecido, e é a esperança que nos capacita a fazer isso com alegria e confiança, ao invés de medo ou resistência.

A esperança é como uma criança de cântico puro, ancorada na confiança inabalável e na visão radiante do porvir. As crianças possuem uma capacidade única de acreditar no bem, de esperar o melhor, confiando em seu Pai e entregando-se com uma fé que não conhece limites. São resilientes, capazes de superar dificuldades com uma perspectiva renovada e cheia de otimismo. Em seus olhos, vemos um brilho como um farol, guiando-nos de volta à simplicidade de crer sem reservas, à alegria de viver na promessa de um amanhã brilhante.

Portanto, que o Deus da esperança vos abençoe plenamente com toda a alegria e paz, à medida da vossa fé nele, para que transbordeis de esperança, pelo poder do Espírito Santo. (Romanos 15:13)

Com frequência, nos vemos incapazes de vislumbrar o futuro que Deus reservou para nós, isso acontece pela falta de esperança. Nossa capacidade de pensar é obscurecida pelas aflições, pela enfermidade mental, pelo coração frágil e pelas feridas que permeiam todo o nosso ser, resistindo a serem tratadas.

Seguir adiante e abandonar o peso do passado deve ser uma reflexão constante. Esquecer o passado pode parecer uma tarefa árdua em certos momentos; não podemos simplesmente apagar ou ignorar o que aconteceu antes. Ao invés disso, podemos aprender a soltar nossos fardos, libertando-nos do peso da prisão, integrando suas valiosas lições em nosso presente. Não se trata apenas de esquecer, mas de encontrar um equilíbrio entre deixar ir e lembrar, entre o peso do passado e a leveza do presente, enquanto nutrimos a esperança de um futuro glorioso.

Mas não somente isso, como também nos gloriamos nas tribulações, porque aprendemos que a tribulação produz perseverança; a perseverança produz um caráter aprovado; e o caráter aprovado produz confiança. (Romanos 5:3-4)

Caráter refere-se ao conjunto de traços morais e éticos que definem uma pessoa e orientam suas decisões, ações e comportamentos. É a soma das qualidades internas de uma pessoa que determina como ela pensa, sente e age em diversas situações da vida. O caráter de alguém é moldado por suas experiências, valores, princípios e crenças, e pode ser observado na consistência e na integridade com que uma pessoa enfrenta desafios, trata outras pessoas e cumpre suas responsabilidades. Ter um bom caráter implica ter virtudes como honestidade, sinceridade, bondade, compaixão, humildade, obediência, entre outras, e agir de maneira coerente com esses princípios mesmo diante de pressões externas ou dificuldades.

Um dia, após o almoço, Davi levantou-se depois de ter dormido um pouco, e foi passear no terraço do palácio real. Do terraço avistou uma mulher que banhava-se. E notou que era uma mulher muito bonita. Davi desejou saber quem era aquela mulher. (II Samuel 11:2-3)

Esconder-se com medo da tribulação não é eficaz. É preciso sair do quarto e caminhar para fora do palácio, pois é nesses momentos de exposição que nosso caráter é verdadeiramente confrontado e testado.

A segurança que o castelo oferece é confortável, mas a verdadeira transformação ocorre fora de suas muralhas. Enfrentando nossas próprias limitações e medos, descobrimos forças ocultas e habilidades que desconhecíamos, assim como podemos descobrir falhas que não reconhecíamos; à medida que nos aventuramos além das zonas de conforto, a vida acontece.

Fora do castelo, a fé é vivida de forma prática. Aprendemos a confiar em Deus em meio às incertezas e a ver Sua mão guiadora nas circunstâncias mais inesperadas. É nas dificuldades e nas vitórias que nossa relação com Deus se aprofunda, e nossa dependência Dele se torna mais evidente. Os sonhos adormecidos dentro do castelo começam a despertar e ganhar vida quando ousamos perseguir novas possibilidades.

Ao sair do castelo, Davi se quebrou na mão do Oleiro, mas foi refeito, transformado e renovado. Essa jornada fora das muralhas do castelo construído por nossa mente nos convida a vivenciar uma experiência espiritual e humana, moldando-nos segundo o propósito divino e revelando a beleza da graça e da redenção em cada passo que damos.

E Aquele que está assentado no trono afirmou: "Eis que faço novas todas as coisas!" E acrescentou: "Escreve isto, pois estas palavras são verdadeiras e absolutamente dignas de confiança". (Apocalipse 21:5)

O inimigo pode estabelecer uma data fim para nós, mas Deus usa essa mesma data para iniciar algo novo.

Ana foi uma mulher que conseguiu transcender a expectativa para a perspectiva. Mãe do profeta Samuel e esposa de Elcana, ela enfrentou um desafiador dilema de esterilidade. Essa situação não apenas a afetava emocionalmente, mas também colocava em questão sua posição social e seu papel como esposa. Enquanto Elcana tinha outra esposa, Penina, que tinha filhos, Ana enfrentava provocações constantes e uma competição dolorosa por parte de Penina.

Penina, sua rival, provocava e humilhava Ana continuamente porque o SENHOR a tinha deixado estéril. Isso tudo acontecia ano após ano. Sempre que eles subiam à Casa de Yahweh, o SENHOR, a rival de Ana a ofendia e ela passava o tempo todo solitária, chorando e sem comer. (I Samuel 1:6-7)

É possível imaginar que, nos primeiros anos de esterilidade, Ana nutria uma expectativa renovada a cada visita anual ao templo. Afinal, o Deus ao qual servia realizava milagres extraordinários; histórias como a de Sara, uma figura conhecida cuja esterilidade foi revertida por Deus, certamente inspiravam Ana a sonhar.

Talvez, com o tempo, para Ana, as visitas ao templo tornaram-se cada vez mais conflituosas. Apesar de ter a oportunidade de se apresentar diante do Deus poderoso, o Deus que fazia milagres, ela sofria ano após ano com a sensação de rejeição divina. Além disso, enfrentava as constantes provocações de Penina. Essa situação a desestabilizava profundamente, a ponto de Ana perder o apetite e passar os dias em lágrimas.

Quando nos sentimos incapazes de alcançar algo que desejamos ardentemente, qualquer palavra ou ação alheia pode nos ferir profundamente. O que antes passava despercebido agora nos machuca. A Bíblia descreve Penina como uma fonte de irritação para Ana, mostrando como, muitas vezes, nossas dores são intensificadas pelo fato de alguém possuir o que ainda não alcançamos.

Penina era uma competidora, mas nem sempre as palavras ou conquistas dos outros têm a intenção de nos prejudicar. Ainda assim, podem despertar em nós sentimentos de incapacidade e inveja, ampliando nossa própria angústia.

A inveja surge quando alguém deseja intensamente o que outra pessoa possui. Muitas vezes, não se trata exatamente do mesmo objeto ou conquista, mas o sucesso alheio pode despertar uma dolorosa percepção de fracasso e incompletude. Ao se deparar com suas próprias necessidades e carências, a pessoa pode sentir frustração, tristeza, inferioridade e até raiva ao ver o outro desfrutar de algo enquanto ela permanece privada de seus sonhos. É um sentimento comum, mas difícil de admitir.

A forma como esse sentimento é gerenciado em nossa alma revela seu potencial nocivo. Caim, ao perceber que sua oferta foi rejeitada por Deus enquanto a de seu irmão foi aceita, foi levado pela inveja ao extremo de matá-lo (Gênesis 4:8).

Similarmente, depois que Davi retornou vitorioso da batalha contra os filisteus, as mulheres de Israel saíram ao encontro de Saul dançando e cantando, atribuindo a Davi uma vitória maior do que a de Saul (1 Samuel 18:6-7). Isso provocou em Saul um profundo sentimento de inveja e ciúme, temendo que Davi pudesse usurpar seu lugar como rei. A partir desse ponto, os sentimentos de Saul em relação a Davi mudaram drasticamente, marcando o início de uma série de conflitos entre os dois.

Outro caso notório de inveja, aconteceu entre o povo de Israel, conforme descrito no livro de Números, capítulo 16. Corá, um levita, e Datã e Abirão, da tribo de Rúben, lideraram uma rebelião contra Moisés e Arão, questionando sua autoridade designada por Deus. Eles sentiram inveja da posição de liderança que Moisés e Arão ocupavam. A inveja incitou uma rebelião.

No Salmo 73, Asafe compartilha sua luta contra esse sentimento:

Quando meu coração estava amargurado e no meu íntimo curtia a inveja, era eu um insensato e ignorante; minha atitude para contigo era semelhante a de um animal irracional. (Salmo 73:21-22)

Ao lermos o Salmo, observamos a confissão do autor, que admite ter quase tropeçado e caído, sentindo-se à beira da ruína espiritual ao invejar a prosperidade dos ímpios. Esse sentimento não era algo que pudesse ser ignorado; era intenso e persistente. Ao tentar compreender a situação, ele reconheceu a dificuldade e a fragilidade de sua própria alma. No entanto, foi ao entrar no santuário do Senhor que encontrou a clareza e a perspectiva renovadas de que tanto precisava.

Asafe precisou de tempo para entender e digerir suas emoções e percepções. Esse processo de entendimento não foi gerado na alma, mas no espírito. Ele atravessou um período de confusão e dúvida, lutando para reconciliar seus sentimentos. O verdadeiro conforto só veio quando ajustou seu olhar para Deus.

Quem tenho eu no céu senão a ti? E, na terra, não há quem eu deseje Além de ti. A minha carne e o meu coração desfalecem; Mas Deus é a fortaleza do meu coração e a minha herança para sempre. (Salmo 73:25-26)

Quando desejamos intensamente algo e nossas expectativas não são atendidas, sentimos um vazio e uma insatisfação que podem se transformar em inveja e frustração. É impossível enxergar a Cristo quando nossa alma assume o controle.

Durante esses anos, é possível supor que Ana tenha nutrido expectativas elevadas, um sentimento que, por vezes, se confunde com fé. Expectativas são projeções dos desejos que uma pessoa espera ver realizados, muitas vezes baseadas em suposições, probabilidades ou aspirações pessoais, frequentemente influenciadas por nossas emoções e anseios. Diferentemente da fé, que está ancorada na confiança em Deus e em Sua vontade soberana, as expectativas tendem a ser moldadas por nossos próprios desejos e interpretações do que acreditamos ser o melhor para nós.

Esse contraste revela um ponto crucial: enquanto a fé permanece firme mesmo diante de resultados contrários ao esperado, as expectativas, quando frustradas, geram sentimentos de decepção, frustração e até amargura. No caso de Ana, a espera prolongada pode ter alimentado tanto a esperança quanto a ansiedade, criando uma tensão entre o que ela desejava e a realidade que enfrentava. Essa linha tênue entre expectativas humanas e a fé genuína em Deus pode nos levar a questionar até que ponto estamos confiando plenamente na vontade divina ou apenas projetando nossos próprios anseios.

Como administrar a fé ao saber que foi o próprio Deus quem fechou a sua madre, significando que, ano após ano, Ele dizia 'não' à sua petição? O 'não' de Deus, especialmente quando estamos cercados de expectativas, pode ser avassalador. Esse sentimento pode nos fazer acreditar que estamos sendo abandonados, que Deus se esqueceu de nós, ou até mesmo que Ele preferiu a oferta de outro em vez da nossa.

Como administrar a fé quando nos tornamos motivo de vergonha e humilhação, sabendo que Deus, com uma só palavra, poderia reverter o sofrimento que atravessa a alma?

Talvez, por muitos anos, Ana tenha subido ao templo carregada de expectativas, frequentemente saindo dali com a esperança renovada de que sua prece finalmente seria atendida. No entanto, com o passar dos dias, ficava evidente que Deus permanecia inacessível em relação ao seu desejo, o que intensificava seu sentimento de frustração e dúvida.

O sentimento de frustração frequentemente surge quando tentamos realizar algo que só Deus pode fazer. Esse desânimo ocorre porque estamos buscando resolver questões além de nosso controle, sinalizando que nossa confiança está mal direcionada. A frustração revela nossa dificuldade em descansar em Deus e confiar na Sua ação divina.

Mas houve um dia em que Ana recorreu à oração de uma forma diferente. Seu corpo, exausto e frágil, não conseguia mais manter a compostura; completamente lançada aos pés do Senhor, a dor era tão intensa que de sua boca não saíam palavras, apenas o sussurro das lágrimas. Sua alma se rasgava completamente diante de Deus. Naquele momento de total rendição, Ana se colocou na roda do oleiro, permitindo que Ele finalizasse Sua obra.

E então, completamente rendida, sua mente começa a se alinhar com a mente de Cristo, e seus olhos se abrem para a necessidade de Israel. Diante dela está a figura de Eli, o sacerdote idoso, cujos filhos eram incapazes de sucedê-lo. Ana compreende a urgência do momento e se oferece para participar do projeto de Deus. Seu desejo agora já não é mais provar algo a Penina, à sociedade ou a si mesma; nasce nela o desejo de gerar para Deus.

A perspectiva é a forma como percebemos e interpretamos o mundo ao nosso redor e os eventos que nele ocorrem. Assim como Asafe, Ana precisou entrar no santuário para descobrir uma nova linha de pensamento. Há apenas um lugar capaz de despojar nossas expectativas e nos oferecer uma visão renovada. Essa transformação só acontece na mente daqueles que aceitam passar pelo processo de renovação, como um odre novo, um vaso novo, ou um nascimento novo. Esse processo nos prepara para receber o vinho novo, proporcionando uma nova maneira de ver, sentir e compreender o mundo.

Hoje, muitos de nós vivenciamos essa experiência. Desejamos algo intensamente e confundimos esse desejo fervoroso com fé. No entanto, quando nossas expectativas não são atendidas, o sentimento que parecia ser fé se transforma em desilusão, levando-nos a questionar até mesmo o amor e a bondade de Deus. O encorajamento é abdicar de nossas expectativas e pedir ao Senhor que nos permita enxergar o cenário a partir da perspectiva celestial.

Naquela súplica ardente, suas lágrimas, antes de dor, passaram a se misturar com esperança e alívio, enquanto ela finalmente encontrava sua verdade, envolta pela graça divina. Ana não buscava mais uma bênção para aliviar sua vergonha, mas um legado para a glória de Deus. Assim, naquele ato de profunda rendição, o vaso quebrado foi restaurado e preparado para cumprir o propósito celestial.

Portanto, acheguemo-nos com toda a confiança ao trono da graça, para que recebamos misericórdia e encontremos o poder que nos socorre no momento da necessidade. (Hebreus 4:16)

Após sua oração, que a princípio foi incompreendida por Eli, mas abraçada por Deus, Ana recebeu a palavra *rhema*:

Então Eli lhe disse: "Vai-te na paz do SENHOR! E que o Deus de Israel te conceda o pedido que lhe fizeste." (1 Samuel 1:17)

Ao sair do templo, Ana não era mais a mesma pessoa, sua fome por felicidade havia sido saciada, não pela alegria de ter um filho, mas por ter descoberto seu propósito.

Como prometido o Senhor se lembrou dela que concebeu e deu à luz um filho, a quem chamou Samuel, o nome vem do hebraico "Shemuel", que é traduzido como "ouvido por Deus".

Fiel ao seu voto, Ana levou Samuel ao templo para dedicá-lo ao serviço de Deus durante toda a sua vida (1 Samuel 1:19-28). Samuel desempenhou um papel essencial na história de Israel, sendo sacerdote, juiz e profeta. Ele é lembrado como um exemplo de fidelidade e obediência a Deus, cuja vida começou com a resposta de uma mulher que se entregou as mãos do oleiro.

Nascer de novo é aprender a enxergar pelos olhos de Cristo, não mais influenciado pelo inconsciente coletivo do velho Adão, mas pela memória criada pelo novo Adão. Como está escrito:

Da mesma forma, está escrito: "Adão, o primeiro homem, foi feito alma vivente"; o último Adão, no entanto, é espírito vivificante! (1 Coríntios 15:45)

Passamos a vida em busca de algo, uma lacuna existencial impreenchível. Enchemos esse vazio com coisas, e quanto mais possuímos, mais vazios ficamos. Inversamente, quanto menos temos, menos valor sentimos ter. Esse espaço vazio é a saudade da plenitude do paraíso, um eco do inconsciente, um anseio por viver o que um dia nos foi destinado: o Jardim.

Quando, finalmente, cedemos a pulsão pela verdade, ansiando por saciar a sede pelo sagrado, guiados pela força motriz que nos conduz ao caminho da vida, começamos a decodificar os mistérios psicológicos, existenciais e espirituais, frequentemente enfrentando questões árduas sem esmorecer. Assim, aprendemos a nascer de novo, como crianças, cultivando um coração esperançoso e redescobrindo nossa verdadeira importância na história. Aceitamos ser moldados diariamente conforme a vontade do Oleiro, com a esperança de nos tornarmos vasos de honra para o Seu propósito.

"Se alguém, pois, se limpar destas coisas, será um vaso para honra, santificado, útil para o Senhor, e preparado para toda boa obra." (2 Timóteo 2:21)